高申 著

人民文学出版社
天天出版社

带着课本游北京

博物馆里文化多

图书在版编目（CIP）数据

博物馆里文化多 / 高申著. -- 北京：天天出版社，2023.10
（带着课本游北京）
ISBN 978-7-5016-2138-5

Ⅰ.①博… Ⅱ.①高… Ⅲ.①博物馆—北京—少儿读物 Ⅳ.①G269.271-49

中国国家版本馆CIP数据核字(2023)第159878号

责任编辑：董 蕾　　　　　　**美术编辑：邓 茜**
责任印制：康远超　张 璞

出版发行：天天出版社有限责任公司
地　址：北京市东城区东中街42号　　　　**邮编：**100027
市场部：010-64169902　　　　**传真：**010-64169902
网　址：http://www.tiantianpublishing.com
邮　箱：tiantiancbs@163.com

印　刷：三河市春园印刷有限公司　　**经销：**全国新华书店等
开　本：880×1230　1/32　　　　　　　**印张：**8
版　次：2023年10月北京第1版　**印次：**2023年10月第1次印刷
字　数：128千字

书　号：978-7-5016-2138-5　　　　　**定价：**35.00元

版权所有·侵权必究
如有印装质量问题，请与本社市场部联系调换。

第一章 聪明的华夏智人

北京猿人造像

各类刮削器等远古人类工具

骨针（复制品）

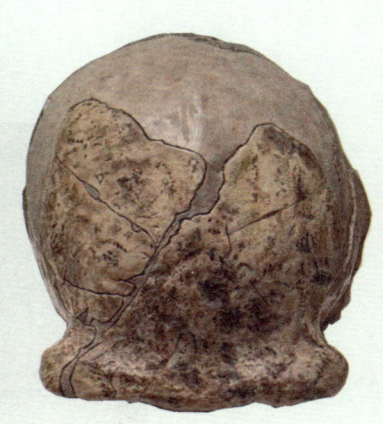

北京人头盖骨（复制品）

第二章 远古大地上的"南稻北粟"

鹳鱼石斧图彩陶缸

碳化稻谷

骨耜

裴李岗文化石磨盘、石座棒

人面鱼纹彩陶盆(局部)

第三章 寻找"三皇五帝"时代

八角星纹彩陶豆

龙山黑陶

大汶口白陶鬶

第四章　青铜爵上的夏朝风云

青铜爵

第五章 商代文化与妇好

青铜鸮尊

杜岭一号大方鼎

商代玉凤

四羊方尊

第六章 跨越千余载的青铜器

"作册般"青铜鼋　　　　　　　　后母戊鼎

错金银云纹铜犀尊

第七章 记录史迹的青铜重器

大盂鼎

利簋

"虢季子白"青铜盘

天亡簋

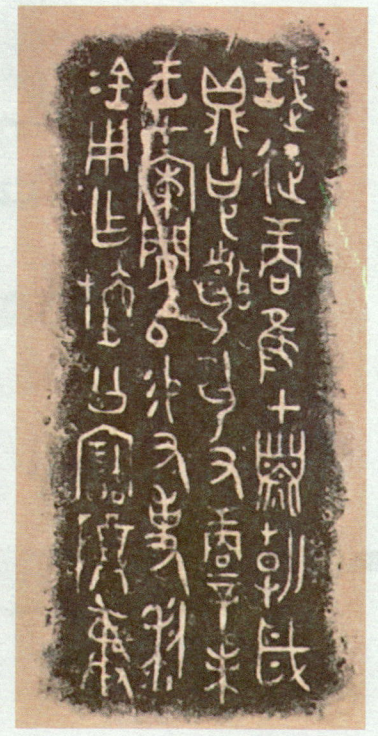

利簋铭文

第八章　金文礼器中的英雄谱

　　"吴王光"青铜鉴　　　　　　　　"秦公"青铜簋

"王子午"青铜鼎

"吴王夫差"青铜剑

第九章　青铜钟鼎上的战国风云

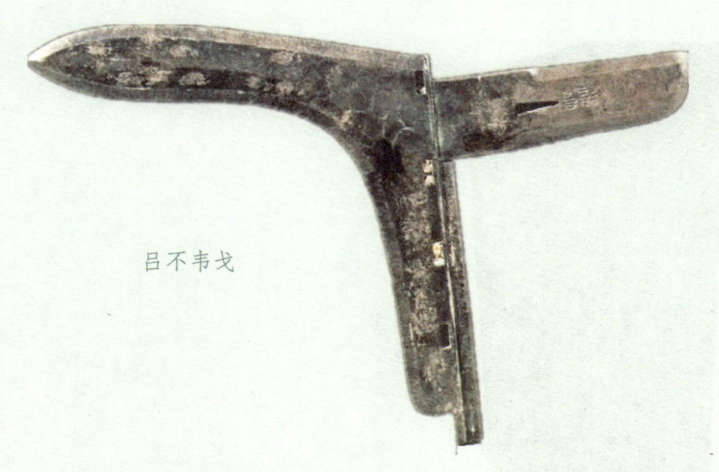

吕不韦戈

"鄂君启"错金青铜节

鎏金嵌玉镶琉璃银带钩

第十章　石碑上的诸子百家

正始石经

东汉熹平石经

第十一章　兵马俑之外的大秦帝国

先秦石鼓文

琅琊台刻石

第十二章 一枚钱的千年纷争

汉五铢

开元通宝

秦半两

新朝一刀平五千

商代货贝

萨珊王朝库思老二世银币
与东罗马查世丁二世金币

第十三章　"分封制"与"郡县制"的纠结

错金银鸟篆文青铜壶

杨家湾彩绘陶兵马俑

彩绘雁鱼青铜灯

金缕玉柙

第十四章 千年窑造中的三国英雄风云谱

陶耳杯

说唱俑

青瓷大莲花尊

第十五章 孝文帝的变法大业

北魏冯太后墓门(局部)

北魏冯太后墓门(局部)

北魏冯太后墓门

北魏元羽墓碑刻

第十六章　中国第一石拱桥

镶金边白玉杯

嵌珍珠宝石金手镯

白瓷龙柄传瓶

嵌珍珠宝石金项链

赵州桥石栏板

第十七章　见证大唐兴衰的宫殿

含光殿"毬场"石志

唐三彩釉陶骆驼载乐俑

唐代莲花纹方砖

杨思勖墓女陶俑

第十八章　玄奘的遗物

高昌点心

玄藏草鞋

玄奘题名石佛座

敦煌菩萨像

第十九章　第一个千禧年的宝藏

西夏文"敕燃马牌"青铜敕牌

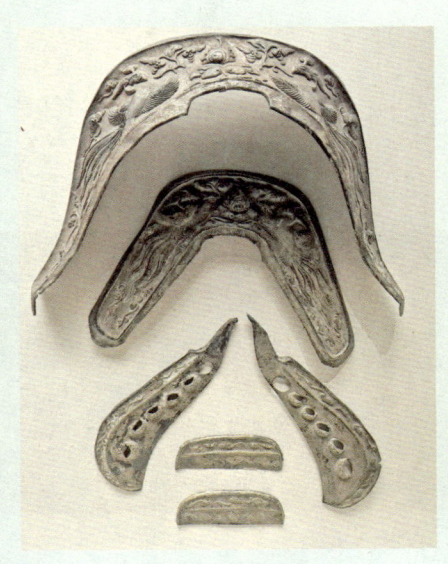

鎏金银鞍桥饰

针灸铜人（局部）

第二十章 岳飞抗金往事

柳毅传书故事场面青铜镜

金代列鞢

《中兴四将图》

第二十一章 成吉思汗的真容

阿拉伯数码字铁方盘

成吉思汗像

石桥栏板浮雕

水浮法指南针复原模型

双凤麒麟纹石雕

磁州窑白釉黑花婴戏图瓷罐

第二十二章　朝贡体系最后的高光时刻

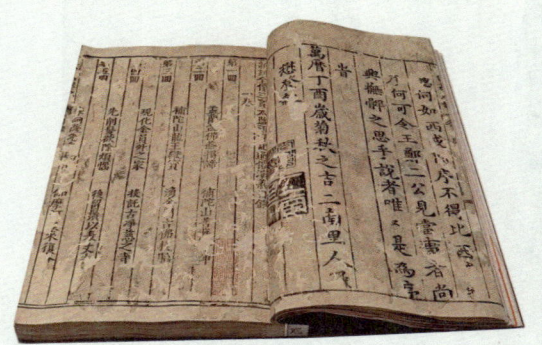

《新刻全像三宝太监西洋记通俗演义》

郑和铜钟

郑和航海图（摹绘，局部）

"三宝公"铁矛

第二十三章　成为经典的古代读物

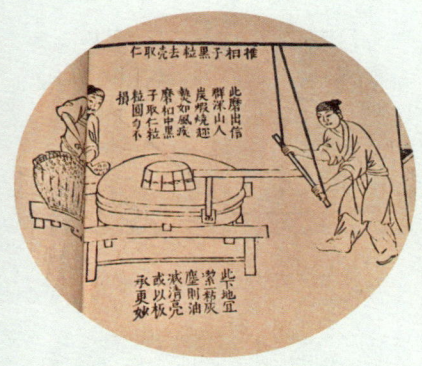

《天工开物》（局部）

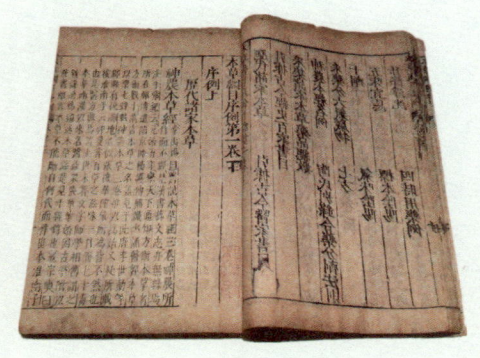

明刻《本草纲目》

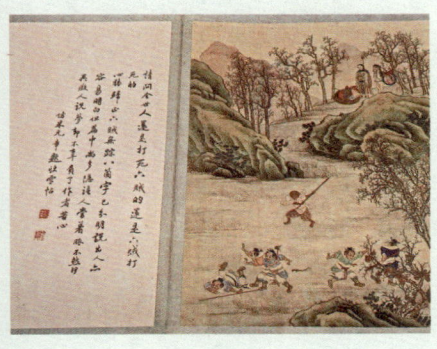

《西游记》图

乾隆抄本函二十回《红楼梦》稿

《水浒》人物图

《天工开物》

第二十四章 画中的"康乾盛世"

霁青釉金彩海晏河清尊

《捕蝗图》（复制品）

清代圆明园辅首

《棉花全图》

清代圆明园兽首

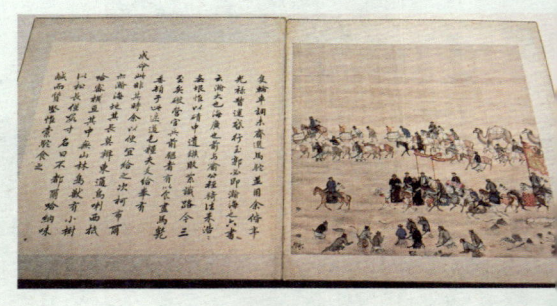

《北征督运图册》

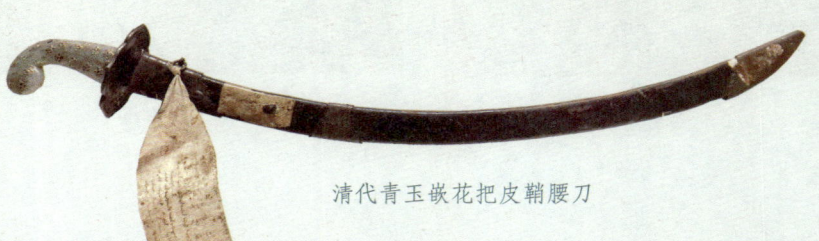

清代青玉嵌花把皮鞘腰刀

目录

第一章　聪明的华夏智人
　　　　旧石器时代　/ 1

第二章　远古大地上的"南稻北粟"
　　　　新石器时代　/ 9

第三章　寻找"三皇五帝"时代
　　　　新石器时代　/ 19

第四章　青铜爵上的夏朝风云
　　　　夏商西周时期　/ 27

第五章　商代文化与妇好
　　　　夏商西周时期　/ 35

第六章　跨越千余载的青铜器
　　　　夏商西周至秦汉时期　/ 45

第七章　记录史迹的青铜重器
　　　　夏商西周时期　/ 55

第八章　金文礼器中的英雄谱
　　　　春秋战国时期　/ 65

第九章　青铜钟鼎上的战国风云
　　　　春秋战国时期　/ 75

第十章　石碑上的诸子百家
　　　　秦汉时期至魏晋南北朝时期　/ 83

第十一章　兵马俑之外的大秦帝国
　　　　秦汉时期　/ 91

第十二章　一枚钱的千年纷争

第十三章　"分封制"与"郡县制"的纠结
　　　　秦汉时期　/ 111

第十四章　千年窑造中的三国英雄风云谱

　　魏晋南北朝时期　/ 123

第十五章　孝文帝的变法大业

　　魏晋南北朝时期　/ 131

第十六章　中国第一石拱桥

　　隋唐时期　/ 139

第十七章　见证大唐兴衰的宫殿

　　隋唐时期　/ 149

第十八章　玄奘的遗物

　　隋唐时期　/ 159

第十九章　第一个千禧年的宝藏

　　辽宋夏金元时期　/ 169

第二十章 岳飞抗金往事
　　　　　辽宋夏金元时期 / 177

第二十一章 成吉思汗的真容
　　　　　辽宋夏金元时期 / 187

第二十二章 朝贡体系最后的高光时刻
　　　　　明清时期 / 195

第二十三章 成为经典的古代读物
　　　　　明清时期 / 205

第二十四章 画中的"康乾盛世"
　　　　　明清时期 / 215

第一章

聪明的华夏智人

旧石器时代

历史名词

元谋人
周口店北京猿人
山顶洞人

文物名词

元谋人化石
北京猿人化石及使用工具
山顶洞人化石及使用工具

第一章　聪明的华夏智人

走进中国国家博物馆"古代中国陈列·远古人类"展厅，迎面就会看到一尊猿人背着猎物的大型雕塑。这尊制作于1959年（也就是国家博物馆的前身——中国历史博物馆建成之时）的雕塑工艺水平极高，甚至超越了放置在展厅内的许多文物复制品。这尊雕塑所刻画的猿人来自北京周口店，用它来代表中国境内的远古人类，当之无愧。

按照中学历史课本的介绍：我国是世界上发现古人类遗址最多的国家之一。其中，最具代表性的早期人类是元谋人、北京人和山顶洞人等。为什么一定要用北京猿人作为展厅中最显眼雕塑的模特呢？元谋人与山顶洞人难道不够资格？

其实，在国家博物馆的展品顺序中，首先映入我们眼帘的，便是元谋人的遗迹。元谋人生活在距今约170万年前，是我国境内目前已确认的最早的古人类。国家博物馆中元谋人的遗存，是两颗门齿化石的复制品。这两颗门齿被发现的时间，是在完成北京猿人雕塑的六年之后（1965年）。由此看来，元谋人门齿被发现的时间较晚，且遗骨太少，都是导致元谋人无法成为"模特"的原因。

但元谋人在华夏古人类谱系中的重要地位是不言而喻的。人类由古猿演化而来。距今300万年左右，有的古猿已能直立行走，并会制作工具，后来进化成直立人。距今约20万年，直立人经过演化，发展到更高一级的人类，即早期智人阶段。到距今5万年左右，早期智人进化为晚期智人，即现代人。从这段直立人存在的时间来看（其间大约280万年），元谋人出现在距今170万年左右，正好处在地球上已知直立人出现的中前期（比最早的直立人晚130万年，比最晚的直立人要早150万年）。其实，从目前的考古发掘来看，还有比元谋人更早的中国猿人遗址——重庆境内的巫山龙骨坡人，也就是"巫山人"，他们生活在距今240万年至180万年。到目前为止，我们寻找到的，是两个"巫山人"的牙齿化石：一个老年人的两颗牙齿，以及一个少女的牙齿。此外，在山西芮城县的西侯度、河北原阳的泥河湾，都发现了早期直立人的遗迹。但谁是最早的，目前的学术界还无法达成一致。总之，目前为止，能确认的华夏最早直立人"桂冠"，是一直戴在元谋人头上的。

第一章　聪明的华夏智人

中国直立人最重要的代表,乃是周口店北京猿人。他们生存时间的结束(距今20万年前),正好是直立人演化为早期智人的"质变"之时。在国家博物馆的展厅内,陈列着不少来自周口店北京猿人遗址的化石古物。

北京人遗址,位于北京西南周口店龙骨山上。经测定,北京人生活在距今70万—20万年。历史课本告诉我们的,是浓缩版的北京猿人化石发现过程。我们在博物馆里(比如国家博物馆、周口店猿人博物馆、中国古生物馆、自然博物馆或中国地质博物馆等)见到的周口店北京猿人化石的若干件复制品,大都来自早期发掘出土的遗物。从1927年在周口店龙骨山发掘出第一颗牙齿,到1928年由考古学家杨钟健、裴文中发现的一件直立人的下颌骨,再到1929年裴文中主持发掘出土的第一颗北京人头盖骨,北京猿人的化石开始大量涌出地表。自1931年至1937年,在考古学家贾兰坡的主持发掘下,周口店共出土了五个北京人头盖骨和不少其他人骨化石。这些化石代表了不同年龄的四十多具直立人个体。但可惜的是,这些珍贵标本均在日本侵华战争中遗失。现在,北京的各处博物院内只保留了部分标本的模型。

及至新中国诞生后的1951年,贾兰坡等考古专家又在周口店发现了直立人的肱骨和胫骨残段各一件,单颗牙齿两枚。1959年,又发现一个下颌骨。到了1966年,考古人员在发掘猿人洞上部堆积物时,再度发掘出同一个体的颌骨与枕骨。而这件枕骨恰好能与1934年和1936年在相同地点发现的两块颅骨碎片相拼合,复原出一具完好的头盖骨。这具经过三次发掘才凑齐的珍贵头盖骨,如今以复制品的方式陈列于中国国家博物馆古代中国陈列展厅内。

除了难得一见的人骨化石,在国家博物馆内展陈最多的,便是远古人类制造并使用过的石器制品。根据馆内研究人员介绍:北京人遗址出土的石器多种多样,除了刮削器以外,还有石砧、石锤尖状器、石锥、雕刻器、砍砸器和石球等大量精致的小型和微型石器。一些研究者认为这些石器很可能出自女性之手,因为女性的手更纤细,适合从事比较轻巧细致的工作。当时男性主要从事狩猎活动,而女性则更多地从事采集工作。由于采集食物所需的时间不必太久,剩下的大量时间,便可在山洞中打制精巧的石器。根据考古发掘可知,大多数的石器确实是出自猿人洞内穴。

拥有了石器,人与猿才能逐渐分离。刮削器是旧石器时代最常见的石器类型之一,一般是用大小不同的石片做成。大刮削器可用来刮削木棒,小刮削器可以当作刀子用,比如切割兽肉和刮削兽皮。

我们可以想象一下,周口店的直立人在洞穴中打制石器。男性使用这些制作好的石器工具进行狩猎活动。至于这些男性直立人主要捕杀哪些动物,陈列在国家博物馆中的某件藏品,或许能够解答这个问题。

这是一件肿骨大角鹿下颌骨的化石,根据古生物学家的推测,它生活于距今200万年至25万年。化石出土的地点,是在周口店第一地点。由此看来,周口店的北京猿人是捕食肿骨大角鹿的。而且,在北京人洞穴相应位置的堆积层中,出现的肉食动物化石比较稀少,食草类动物的化石却占据了较大比重。这些食草类动物中,又以肿骨大角鹿和葛氏斑鹿的数量居多。此外,在古生物学家的研究过程中,还发现了一个有趣的现象:肿骨大角鹿的角多为自然脱落，而葛氏斑鹿的角多附在头骨上。这一现象说明了什么？北京猿人或许是在不同季节里猎取不同的鹿类。夏末秋初时，狩猎葛氏斑鹿；秋末冬初时，狩猎肿骨大角鹿。除此之外，李氏野猪、德氏水牛和三门马等，都可能是北京人狩猎的对象。

周口店的第一批人类，在周口店的山洞里生活了几十万年。待他们从北京迁徙到河北，再进入山西之后，周口店龙骨山的山洞顶部又出现了一批新人。他们，便是著名的山顶洞人。

陈列在国家博物馆展厅内，且与山顶洞人模型放在一起的，是山顶洞人遗址中出土的一枚精致骨针。根据专家的研究，认定这枚骨针的针眼是用刮挖的方法制成的。有了骨针，人们可以用鹿筋作线，把几块兽皮连缀起来，制作成皮衣，而皮衣又是人们最好的御寒装备。

穿上暖和衣物的山顶洞人，可以顶风冒雪追捕猎物了。他们能够享用的肉类（蛋白质）越来越多，他们的大脑也越来越发达。人类的前途，开始变得一片光明。

第二章

远古大地上的『南稻北粟』
新石器时代

历史名词
刀耕火种
新石器时代
南稻北粟
木石耒耜
河姆渡文化
裴李岗文化
仰韶文化
半坡文化

文物名词
河姆渡文化碳化稻谷
稻纹陶钵
骨耜
裴李岗文化石磨盘、石磨棒
仰韶文化鹰形陶鼎
半坡人面鱼纹彩陶盆
鹳鱼石斧图彩陶缸

第二章　远古大地上的"南稻北粟"

这是一篇关于"吃饭"的故事。曾经有学者对我说，古代中国的民众，其实每天都在为能不能吃到饭而发愁。这与我们现在的"今天吃什么"完全不是一回事。咱们的餐桌上，早晨或许会出现油条、油饼、煎饼、小笼包、饺子、馄饨、面包……这些都是上古时代的人们见不到的；中午、下午出现的各种面食、粗粮玉米，西红柿、土豆、柿子椒、辣椒等制作的菜肴，在上古时代也完全没有。有朋友开玩笑说，以前的老北京人见面打招呼，保准要说一句："您吃了吗？"他们这么说可不是为了要请你吃点东西，而是一种客套，表明对你基本生活状态很关心。

其实，大约两万年前，我国先民就开始对一些野生植物进行管理了。距今一万年左右，我国出现了最早的人工栽培的农作物。根据研究农业史的专家介绍，农业的出现是新石器时代开始的重要标志之一。新石器时代早期的农业实行"刀耕火种"，先用火将地表的草木烧成灰做肥料，再就地挖坑点种。播种后不做养护，不施肥，不除草，收获全凭大自然。这样的耕种方式简便易行，但生产效率低下。到了新石器时代中期，开始出现耜、铲、锄等农具，可以有效地翻土和垦耕。而新石器时代晚期，除了沿用前两个阶段的生产方式外，人们还发明了石犁等农具用于耕作。

那么，新石器时代的先民们，到底吃些什么？长江中下游的先民，开始栽培水稻；北方地区的先民则开始种植粟和黍。目前，世界上已知最早的人工栽培稻、粟和黍均发现于中国。水稻制作出来的，就是我们餐桌上的大米饭。至于粟，可不是西式快餐店里售卖的那种用玉米制作出来的"粟米棒"，而是小米。黍又是什么呢？这是我们现在吃得不算太多的粮食作物，很多地方已经见不着了，而今把它称作"糜子"。北京中山公园先前的名称叫作"社稷坛"（代表国家），"稷"指的就是黍。

好了，咱们来具体说说水稻吧。现在的水稻产地，主要在哪里？东北大地与长江、珠江流域。南北方的自然条件不一样，种植出来的水稻口感也有些不同。那么，上古时代的水稻产地在哪儿呢？国家博物馆曾经举办过一次浙江"上山文化"特展。在那次展览中，展示了一些非常珍贵的稻种，据说是目前已知人工栽培的最早稻种，可谓是"天下第一稻"。它们出现的时间，距今至少有万年。根据考古学者的介绍，湖南玉蟾岩遗址也曾出土过上万年前的人工育化稻谷，但数量远不及上山遗址；江西仙人洞遗址也有距今超万年的水稻遗存，但仅仅是栽培稻的植硅石标本。

水稻终于被人类栽培出来了，但进行大规模种植还得等到距今7000多年前的河姆渡文化时期。浙江余姚的河姆渡遗址发掘出的稻作遗存，是迄今相关遗址中数量最丰富的。有考古学者做过统计，如果将河姆渡遗址的水稻遗存换算成新鲜稻米，数量可达好几万斤。在国家博物馆的展厅内，我们就能见到来自河姆渡遗址的碳化稻谷，以及造型质朴的稻纹陶钵。

随着时代的进步，人们发明了早期农具，如耒和耜。耒是一种用来掘土、点种的尖木棒。耜是一种铲状工具，用于翻地。耒、耜一般是木制的，比石器工具轻便，它们是金属工具出现之前最重要的农用工具。不过，由于木质容易腐朽，耒、耜的实物资料罕有发现。但1974年，人们在对浙江余姚河姆渡遗址的发掘中，发现了170多件骨耜，大多由大型哺乳动物的肩胛骨制成。大量骨耜农具的出土，表明河姆渡稻作农业已经十分成熟。

在新石器时代中期的黄河中游地区，裴李岗文化的先民们也开始从事农业生产。国家博物馆中陈列的石磨盘、石磨棒，都是远古人类给谷物脱皮的工具。使用时将谷物摊在磨盘上，用石磨棒在上面反复滚动，把谷物的皮壳脱掉留下可食用部分。除了谷物，采集的坚果类食物也可以在石磨盘上进行脱壳。这样的方式，现在看起来很原始，而且容易浪费可食用的部分，但对当时的人类社会而言，已经是巨大的进步了。

也就在这一时期，人们发现：农作谷物并不适合直接食用，而烘焙出来的谷物又往往干硬难咽，只有煮出来的粥饭软硬适度，拥有最佳的口感。于是，陶制炊器便应运而生了。新石器时代的陶炊器大致有釜、灶、鼎、甗、鬲等，因时间、地域的不同，不同文化中炊器的形制与种类自然也是千差万别。

釜是一种蒸煮用的炊器，其作用相当于现在的锅。由于陶釜质地较粗，煮饭时很容易烧煳，因此陶釜在单独使用时不适合煮制干饭，而适宜煮羹粥。其实，早在南方河姆渡遗址晚期的文化层中，就已经出现了陶灶、陶甑和陶鼎。陶鼎可看作陶釜与陶支脚相结合的产物。在国家博物馆的展厅内，就有一件制作水平较高的鹰形陶鼎，它是新石器时代仰韶文化的器物。鹰形陶鼎出土于陕西华县一座成年女性墓葬之中。此墓随葬品比较丰富，除鹰形陶鼎外，同时还发现了十多件骨匕、数件石圭、石斧及一批生活器皿等。根据专家的推测，这件制作非常精致的鹰形雕塑艺术品，与其共出的石圭、成批量的骨匕等物品应该是作为礼器来使用的。

　　仰韶文化是什么时候出现的？比起河姆渡文化来，它是早还是晚呢？实际上，河姆渡文化的存续时间在公元前5200年至前4200年；而仰韶文化则是公元前5000年至前3000年。由此看来，仰韶文化与河姆渡文化大体同时出现，仰韶文化时间更长一些。历史课本中提到的半坡遗址，也被列入仰韶文化之中。有关半坡人遗址的出土文物，在国家博物馆中收藏了不少。

其中，最值得一看的，就是半坡人面鱼纹彩陶盆了。这"鱼纹"可是半坡彩陶中比较多见的题材，半坡居民经常会在陶器上绘出鱼、蛙、网纹等图案。像这样的人面鱼纹彩陶盆在半坡遗址中出土过若干件，它们是儿童瓮棺的棺盖。那么，问题来了。先民们为什么要在棺盖上绘制小鱼呢？有学者认为此时的鱼已经被充分神化，它们在人类生活中扮演着某种支配角色，可能是作为本氏族的图腾来加以崇拜。一般认为，这幅图画有着巫师请鱼神附体，为夭折的儿童招魂祈福的作用。

好奇特啊！一只著名的陶盆，居然是作为棺盖使用的。那盖子底下的棺材又是什么样的呢？是一口大瓮（或缸）！这便是远古时期存在的棺葬方式。这是一种十分特殊的埋葬方式，多以瓮罐、缸等陶容器作为葬具，独立或相互扣合来盛放死者骸骨。我们在国家博物馆展厅内就能见到这种大缸——鹳鱼石斧图彩陶缸。

鹳鱼石斧图彩陶缸的造型简单规整。图画绘制于缸的腹部外侧，由顶至底占据了外壁一侧的大部分幅面。画面左侧为一只站立的白鹳，鹳嘴上衔着一条大鱼。画面右侧竖立一柄石斧，斧身穿孔，柄部有编织物缠绕并刻画符号。

一般认为，这件瓮棺是当时氏族首领的葬具。鹳和鱼分别代表着不同的氏族。白鹳应是首领本人所属氏族的图腾，鱼则是敌对氏族的图腾。石斧作为一件武器，是权力的标志，乃首领生前所用实物的写真。这些图腾形象与武器组合在一起所表现的是重大历史事件，以纪念首领的英雄业绩。首领本人生前曾经高举这柄作为权力标志的石斧，率领白鹳氏族同鱼氏族进行了殊死的战斗，并取得了决定性的胜利。

看完了远古时期的"图腾打仗"，你的心里有什么感觉呢？

第三章

寻找『三皇五帝』时代

新石器时代

历史名词
『三皇五帝』
炎黄联盟（炎黄子孙）
大汶口文化
龙山文化
陶寺遗址

文物名词
大汶口陶罐
龙山黑陶

第三章　寻找"三皇五帝"时代

在讲述大汶口、龙山至陶寺文化以前，咱们先来聊聊古代神话传说中的"三皇五帝"吧。按照历史课本中的介绍，华夏文明的重要祖先，至少应该出现在三个大的部落之中：炎帝部落、黄帝部落、蚩尤部落。

五六千年前，中国进入部落联盟时期。黄帝联合一些部落，在阪泉与炎帝展开一场大规模的战争，最后炎帝失败，归顺黄帝，两大部落结成联盟。这一部落联盟以后逐渐形成华夏族。中华文明"上下五千年"，如果从目前推定的夏朝开始时间（公元前2070年）算起，中华文明只有4100年左右，比五千年的时间少九百年。倘若以炎黄部落出现的时间来推算，也就是距今五六千年。那么问题来了，我们怎么能确定炎黄部落就一定存在呢？

国内的考古学界和历史学界对此都是比较慎重的。在国家博物馆的展厅里，你就根本见不到炎帝、黄帝部落的展品。然而，既然炎黄部落出现的时间大致是在距今五六千年，这一时间节点上所存在的文化遗迹，似乎可以与炎黄部落时期相联系。

在我国北方的黄河流域，距今6000年左右正处在仰韶文化时期（仰韶文化以临近河南三门峡的渑池县仰韶村命名，存在于距今7000年至5000年之间），西安附近的半坡遗址出现了。那么，除了以半坡遗址为代表的仰韶文化之外，这一时期的中国大地上，还有哪些文化遗迹呢？我们的视线，将要转向黄河下游的齐鲁大地。在这里，出现了著名的大汶口文化与龙山文化。

关于大汶口文化，一位山东文博专家说过这样的话："在山东省博物馆里，陈列着来自山东大地的一件展品。那件展品，其实就是一个看起来其貌不扬的罐子。但你千万不要小瞧了这个罐子，它是出自上万年前的原始先民之手。"虽然是件普普通通的陶器，但它却被权威人士称为"天下第一罐"，被视为价值连城的国宝，与法国罗浮宫的三大镇馆之宝胜利女神雕像、断臂维纳斯和《蒙娜丽莎》比肩。后三者可以说是世人皆知，可又有多少人知道这"天下第一罐"八角星纹彩陶豆呢？它是人类第一次利用黏土的物理性能创造出来的新物品。陶器被发明出来了，人类才由旧石器时代真正迈入新石器时代。

创造出这"天下第一罐"的，便是大汶口人的祖先。

第三章　寻找"三皇五帝"时代

而大汶口文化的存在时间，为距今6000年至4000年。比它出现早些的，是仰韶文化及同时期的后李文化、北辛文化（距今8500年至6400年）；比它出现晚些的，则是龙山文化、岳石文化（距今4300年至3500年）。以前人们只知道仰韶文化、龙山文化。这下好了，中间又插入一段大汶口文化，使得山东地区的龙山文化寻找到源头。

龙山文化的命名时间，要远远早于大汶口文化。它的发现，是在仰韶文化被发现后不久。所以，国内的考古学界，有相当长的一段时间，只知道有仰韶文化与龙山文化。

龙山文化，并不是"有龙之山"上的文化，而是来自山东济南附近的章丘城子崖龙山镇。在国家博物馆的藏品中，就有出自龙山文化的黑陶制品。据说，国博的龙山黑陶，是除了山东省博物馆和当地文物机构以外，国内各大博物馆与研究机构中难以见到的。

在城子崖龙山文化出现之前，中国境内的原始陶器大都是含沙量极高的彩陶和红陶。而以河泥为原料的黑陶，可以说是4000多年前东夷民族所独有的创造。国家博物馆内展出的薄胎黑陶高柄杯便是其中的代表。

　　黑色能给人带来凝重、严肃、神秘的情感联想。根据山东的文物专家介绍，龙山文化以黑陶著称，反映出当时人们"尚黑"的观念，这是龙山"黑陶文化"形成的重要原因。纯黑的高柄杯给人以严肃、冷穆之感，体现内敛、朴素和幽深之美。很明显，黑陶的颜色是在烧制工艺高度发展的前提下，龙山人有意识地制造出来的。

　　实际上，那时候的黑陶不止一种。但龙山文化的"蛋壳黑陶"却是黑陶中的极品。因此，使用蛋壳黑陶就成了身份的象征。

　　龙山文化蛋壳黑陶不是以色彩、纹饰为重，而是以造型和工艺见长。你瞧，它那高耸挺拔的造型、光洁素雅的外观，是不是应该与肃穆庄重的礼仪气氛相适应才对？早在20世纪50年代，就有考古学者称赞蛋壳黑陶："其形式的轻巧、精雅、清纯之处，也只有宋代最优良的瓷器可以与之媲美。"

　　传说炎帝教人们开垦耕种，制作生产工具，种植五谷和蔬菜；还制作陶器，发明纺织，会煮盐，教人们交换物品。半坡、仰韶遗址，都属于仰韶文化，且时间接近于传说中的炎帝时代。至于炎帝部落是不是仰韶文化，我们还不能下结论。

相传在黄帝之后，黄河流域有许多部族。有三个主要部族结成了联盟，尧、舜、禹依次成为联盟的首领，当时实行禅让制。在这里，有个被绝大多数人忽视的时间问题：如果炎黄部落活动的时间是距今五六千年，而据我们所知，禹建立夏朝的时间是公元前2070年（也就是距今4100年）。假设禹的前任尧、舜，都活到了一百岁，他们的在位时间都超过八十年，从黄帝到陶唐氏的首领尧之间，还有七八百年，甚至是一千七八百年的历史，是说不清楚的。难不成，这就是所谓的"失落的文明"？但我们前面说到的大汶口文化遗址与龙山文化遗址，都能填补空白。

此外，在黄河流域与长江流域，还有几处非常重要的新石器时代文化遗址。位于黄河流域的，有石峁遗址、陶寺遗址；位于长江流域的，叫作良渚文化遗址。石峁遗址位于陕西省神木市，是一座规模不小的古城遗址，距今超过4000年。而陶寺遗址，位于山西省襄汾县的郊外，距今4300年至4000年。看看陶寺遗址的存在时间，最后的一百年是与夏王朝重合的。而前面的两百年，大体是在传说中尧、舜生活的年代。陶寺遗址是一座城邦遗址，其面积达到了280万平方米，这可是步入文明社会以前，城邦规模最大的一处新石器时代遗址。按照历史地理学家葛剑雄教授的话说，陶寺遗址中有众多重要发现：如早期王墓中出土的龙盘，其龙的形象与特征或是中原龙形态形成的开端；中期时代的陶寺观象祭祀台，是目前世界范围内发现最早的观象台。陶寺遗址中出土的陶鼓、鼍鼓、石磬、铜铃、陶埙等乐器，尤其是在早期高等级坟墓中配套出现的乐器，则可能代表礼乐制度的初步形成。另外，陶寺出土测日影立中的圭尺，既是世界上最早的圭尺仪器实物，也可能代表陶寺已经形成"地中"概念，而"中"的概念无疑是"中国"概念的必备要素。看过葛剑雄教授的介绍，再回头想想：难怪会有这么多考古学家，将陶寺遗址视作传说中的尧都平阳呢。

第四章

青铜爵上的夏朝风云

夏商西周时期

历史名词

夏禹建国
阳城
二里头遗址
夏朝青铜器
夏桀

文物名词

二里头遗址青铜爵
石磬
陶盉
陶鼎
卜骨
石范

第四章　青铜爵上的夏朝风云

在漫长的中国历史上，到底有没有过夏朝？猛地问我这个问题，我会条件反射一般地告诉你"有"。但要容我再仔细想想，答案就不那么轻易能做出来了。

中国国家博物馆古代中国陈列展厅里有一张夏代地图，在这张巨幅地图上，你是见不到"夏都"确切位置，也找不到"夏朝"字样的。地图所展示的，只是分布于华夏各处的二里头文化出现地点。

在我们的历史课本中，是这样说夏朝的：约公元前2070年，禹建立夏王朝。这是中国历史上的第一个王朝。

夏朝建立的时间是公元前2070年，这个时间是怎么推算出来的？可靠吗？到目前为止，我们都无法找寻到夏朝建立的直接物证。于是，只能从商代早期的两座遗址，也就是河南偃师商城与郑州商城的出现时间进行推测。这两座遗址建立在公元前1600年左右，往前推四百七十一年，便成了夏朝建立的时间。这是国内最权威的上古史专家一致给出的结论，即大禹建夏至夏桀丧国之间，总共经历了四百七十一年，夏朝的建立就该是在公元前2071年。取个整数，便是公元前2070年，也就是公元前21世纪。

禹在位时，在阳城修建城池。禹的儿子启凭借强大的实力，在禹死后继承了他的位置。从此，世袭制代替禅让制。这座位于河南登封的古城址，距离五岳之一的嵩山并不算远。在嵩山的山麓地带，矗立着一座名闻天下的少林寺，还留存着许多关于大禹一家的传说。其中，最出名的便是大禹的夫人、启的母亲所幻化而成的"启母石"。这事儿说来也挺有趣，传说，夏朝的第二代王启是从石头缝里蹦出来的，如同孙猴子一样。距离这块"启母石"不远的地方，便是被称为"阳城"的古城遗址。

位于登封的这座阳城，我是到过的。但我实在找寻不到地面遗迹，自然也没有见到什么有价值的文物。有专家告诉我，阳城一带出土的，且带有"阳城"字样的陶器，都是东周时期的物品。换句话说，"阳城"两字的最早出现时间距离夏禹时代，已然过去了一千三百多年（公元前2070年至前770年）。据说，这里出土的最有价值的文物，一件是河南龙山文化的青铜残片。该残片的制作年代，大约距今3800年至3500年（公元前1800年至前1500年），正是夏商时期；另一件则是刻画着一块极像"共"字的黑

第四章　青铜爵上的夏朝风云

陶残片。有人推测，这与传说中"怒撞不周山"的共公及其部落有关。这两件文物，并没有出现在国家博物馆的展厅内。但国家博物馆"古代中国陈列·春秋战国时期"的展品中，却有一件来自战国七雄之一韩国境内的陶制量器（测算容量的器皿），量器上刻有"阳城"字样，其出土地点便是河南登封。这至少证明，战国时代的阳城就位于登封。只是，从战国往上推至夏朝，时间还有1500多年呢。

于是，我猜测，如果夏朝的第一个都城确实是阳城，阳城的名称会不会一直随着夏部落的迁徙，走到哪里，哪里就被命名为"阳城"？由此再推，阳城可能出现的地点，大体是在山西省南部与河南省西部的范围之内。

夏朝的中心地区主要在现在的河南中西部、山西南部一带。考古学者在洛阳平原发掘出年代相当于夏王朝后期的一座都城遗址——二里头遗址。按照考古专家徐旭生在20世纪中叶的推断，夏部落的活动区域应该是京广铁路以西的豫西地区，也就是伊、洛、颍、汝四条河流经过的"有夏之居"；汾河下游的晋南地区，也就是自古以来被称为"夏墟"的地方。

二里头遗址，恰恰就出现在这片区域内。从二里头发掘出土的文物来测定年代，大致是公元前1900年至前1500年。如果夏禹建国的时间，也就是公元前2070年是可靠的，那么二里头文化就应该出现在夏王朝诞生一百七十年之后。目前的学术界定义夏朝的存在时间是公元前2070年至前1600年，恰好与二里头文化有三百年左右的重合。二里头文化结束的时间，大约为前1500年，此时正是商朝的早期。

　　其实，在文献的记载中，二里头不过是夏朝可能的都城之一。著名的历史地理学家葛剑雄教授曾经依历史文献指出了夏朝可能的若干座都城所在地：夏的第一个都城是阳城，在今河南登封市东南告城；第二个都城斟鄩，按文献记载在今河南巩义市西南，但考古学者认为是偃师二里头遗址；第三个都城帝丘，在今河南濮阳县西；第四个都城原，在今河南济源市西北；第五个都城老丘，在今河南开封市祥符区东南；第六个都城西河，在今河南内黄县东南。见于其他史籍中的夏都还有：平阳，在今山西临汾市西南；安邑，在今山西夏县西北；晋阳，在今山西太原市

第四章　青铜爵上的夏朝风云

西南；斟鄩，在今河南清丰县东南。据传说推算，夏朝历时约五个世纪。在此期间都城迁移次数如此频繁，有的地方还不止一次成为夏的都城。

在二里头遗址中，曾经先后出土了大、中、小三种型号的若干只青铜爵，以及其他青铜器物。太难得了，偃师二里头居然能有这样一处出土完整青铜器的遗址，且与夏王朝长久相伴。这也许是夏朝遗迹的最佳佐证。

中国国家博物馆没有将二里头出土的青铜器悉数搬来展示，而是从中选择了一件保存较为完整且具有代表性的青铜爵，以此来体现四百多年的夏朝文明。

这件青铜爵是做什么用的？依学者们的看法，它是国内已知的最早酒器之一，在夏代，用于倾倒粮食酒以祭祀大地。"爵"于华夏大地最早出现，就是在二里头遗址。而这种器物高频出现，则是在商代；而到了西周中期，这类器物基本上不再使用了。

目前为止，尽管我们尚未了解中国早期的青铜器制造是如何一步步走向成熟的。但我们至少能通过这些青铜器物对夏文明有个最初步的感性认识。

夏朝历经四百多年，到夏王桀在位时期，国力衰弱。昔日的历史课本中，还讲述过一个关于夏桀修筑"酒池"的故事。如果抹掉主人公的名字，你会不会以为这是在说商纣王的"酒池肉林"？此种说法流行于上古时代，但故事的编造者，一定是西周以后的人们。因为，夏商两代其实是不限制饮酒的，甚至可以海饮。到了西周，过量饮酒不再被允许，关于"酒池肉林"导致亡国的说法，这才渐渐地流传开来。

　　商的首领汤联络周围部族，起兵攻伐夏王桀，桀大败，夏王朝灭亡。对于商汤灭夏的地点，目前我们还无法得知。但距离二里头遗址不远，考古人员发掘出一座商代的城市遗址。这座属于商代的遗址，会不会就是商汤灭夏之后所建造的都城呢？此遗址的存在时间，大约为公元前1600年，这便是前面推算夏朝开国时顺带提到的"偃师商城"遗址了。

第五章

商代文化与妇好

夏商西周时期

历史名词

商汤建国
商都亳
盘庚迁殷
殷墟遗址
奴隶制社会
商纣王

文物名词

杜岭一号大方鼎
殷墟青铜鸮尊
玉凤
四羊方尊

第五章　商代文化与妇好

中国国家博物馆"古代中国陈列·夏商周时期"展厅内，保存着大量商周两代的青铜器、玉器、甲骨等文物。从夏到商，给参观者的感觉就是"从一到无穷"。如果你喜欢青铜器，可以在这里待上大半天；如果不喜欢，估计会匆匆而过，挥一挥手，不带走一丝气息。

至于商朝，在我们的历史课本上，不惜笔墨地留给商汤两大段内容：约公元前1600年，汤建立商朝，都城建在亳……商汤确实很不得了，只不过，除了司马迁《史记》等个别文献中的记载，我们现在还找不到商汤存在过的其他证据。即便商汤没留下来什么个人印记，但在他所生活的年代里，毕竟出现过一些城邑。比如前面讲到的偃师商城与郑州商城，从年代上推测，都应该是商汤之后不久便出现的。至于商汤建都的地方在哪里，是不是一些学者提到的河南商丘附近，目前还说不清。

商朝前期的社会风貌会是什么样？从国博收藏的杜岭一号大方鼎中，或许能看出一些端倪。起初在郑州杜岭街进行挖掘的时候，一共出土了一大一小两件方鼎。大个的方鼎，收藏在国家博物馆；小一点的，则收藏于河南博物院。根据专家考证，杜岭一号大方鼎的制作年代应该是公元前1400年左右。这个时间，大概是商汤建国二百年之后。目前尚未发现商汤时代的青铜重器。于是，杜岭一号大方鼎就成为现存年代最早、体量最大，铸造也最为精美的青铜鼎。

"鼎"这种器型，最初见于用黏土烧造的陶器。其出现时间为距今7000多年前的新石器时代，出现地点则是同处河南省的裴李岗文化遗址。根据一些无法证实的古代文献记载，自黄帝时代至夏初，华夏大地上就已出现了青铜鼎。从现今发掘出土的商周两代青铜器物来看，鼎的数量最多，地位也最重要。商周时代以圆鼎居多，方鼎数量较少。一般是用来烹煮和盛放牲肉的器具，由铜合金制造。个体较大的，多是用于烹煮的炊器。但在商代，方鼎数量较多，其中不乏体量较大者，其中最具代表性的，就要数杜岭一号大方鼎和后母戊鼎了。

商朝多次迁都，到商王盘庚时迁到殷，此后保持了相对的稳定。按照目前的考古研究成果，盘庚迁殷的大致时间，应为公元前1300年，也就是商汤建国三百年之后。自

第五章　商代文化与妇好

迁殷算起，至公元前1046年商朝灭亡，这个东方王国还将延续一百五十多年。由此看来，盘庚迁殷是商代中后期发生的最重大的历史事件。

殷所在的位置，乃是而今河南省北部的安阳市。依照昔日的说法，它应该位于小屯村。但令考古学者们感到奇怪的是，小屯一带的"殷墟"，只发掘出了商王武丁及之后的文物。而武丁以前，也就是盘庚、小辛、小乙三代王统治的五十年，并没有在殷墟内找到充足的考古证据。20世纪末，在距离殷墟不远的洹水北岸，发掘出另一座规模庞大的商城。考古学者们认为，这里才是盘庚迁殷的最初落脚点。

从洹水北岸的花园庄遗址到小屯遗址，在安阳域内至少存在着两处殷墟：盘庚至小乙时代的殷墟和武丁至帝辛（也就是商纣王）时代的殷墟。由此看来，国家博物馆内所存放的妇好墓出土文物，实为武丁之后第二处殷墟的重要宝藏了。

武丁在位的时间，为公元前1250年至前1192年，他做了五十九年的商王。在他的众多夫人之中，名气最大的便是"女战神"妇好。

该怎么介绍妇好呢？这么说吧，如果不算神话传说中的女娲，中国古代历史上第一位杰出的女性，就应该是妇好了。商王武丁是一位勇于开疆扩土、具有雄才大略的人物。而他的这位夫人，则无论是负责祭祀、占卜，还是带兵打仗，里里外外都是一把好手。怪不得武丁这么宠爱妇好，甚至在妇好去世之后，下令将其坟墓修建在自己处理国事的宫殿旁边。武丁为死去的妇好举办了最高规格的葬礼，还将一大批精美的青铜器、玉器等贵重器物作为随葬品，一齐埋入地下。

在这当中，就有几件被国家博物馆收藏的珍贵文物。其中，我最想说一说的，便是青铜鸮尊。实际上，从妇好墓中出土的青铜鸮尊总共有两件。这对"鸮兄弟"相互陪伴了三千多年，现今相隔千余里地，一尊被放置在国家博物馆，另一尊则在河南省博物院。

"鸮"其实就是上古时代的猫头鹰。猫头鹰？就是那种"形貌丑陋，声音难听"的鸟吗？它出现的时候，大多是在"夜黑风高"的时候吧。遇到它，似乎总有一种不祥的预感。当然，这种想法并不是自古以来便有的。在西周以前，猫头鹰乃是人们所崇尚的辟邪物，它更是殷商时代的重要图腾。在上古时期，将鸟类、兽类视为一个部族的图腾，对其顶礼膜拜是一种极为普遍的现象。

根据历史学者的推测，商朝人对猫头鹰就曾有过狂热的崇拜。由于猫头鹰具有昼伏夜出的天性和击而必中的本领，因此被视为战争之神，它可是商王朝将军们甚至是帝王的宠物。这样的宠物，正好与"女战神"妇好相配。

妇好墓中出土的动物造型器物，除了青铜鸮，还有玉凤。

如果说"龙"所代表的是帝王，那么"凤"就应该是王后、皇后的象征了。然而，上古时期却不是这样的。与"龙"一样，"凤"也是某些部落组成的部落联盟所崇拜的图腾。文物学者许进雄教授曾经讲道：凤大致是孔雀一类禽鸟的写生，后来被神化了，逐渐以九种不同动物的特征凑合。除基本的鸟形外，又加上麟前、鹿后、蛇颈、鱼尾、龙文（纹）、龟背、燕颔、鸡喙等形态，当然就成了不存在的神物。"龙"不也是这样的神物吗？

历史上，凤被取为代表南方的吉祥动物，可能就因为它的"原型"是南方的禽鸟。凤非梧桐不栖、非竹实不食、非甘泉不饮，显然是彬彬君子之态。要知道，上古时期的君子，都是贵族阶层。看来这"凤"应该是南方部落联盟的高贵象征物。我们可以想象一下，"龙"与"凤"被结合在一起，甚至成为后世帝王与王后的代表，有没有可能是因为北方部落联盟战胜南方部落联盟所导致的结果呢？

商纣王是商朝的最后一个王。他在位时间大约为公元前1075年至前1046年。商纣王的"暴君"形象，大体是西周以后的人们所定义的。其目的，是说明"武王伐纣"的正确性。至于商纣王丧失天下的真正原因，似乎并不只是"暴虐"。要知道，在商纣王统治的时期，商王国的疆域之大达到了历史上前所未有的水平。但是，疆域辽阔并不等于政权稳固。在王朝的东部地区，也就是东夷民族生活的区域，时局还很不太平。于是，商纣王派遣自己的主力部队（也就是贵族们组织的部队）进行征讨。

如何能体现商朝的统治范围在不断扩大呢？于湖南的宁乡市，也就是距离湖南省会长沙不远的一座县城境内，出土了国宝重器四羊方尊。这在我国目前出土的青铜方尊中，称得上体量巨大、工艺精美。它的制作时间大约是在商代晚期。由此可以推断，此重器所出土的地域，早已被商代的青铜文明所征服。这在商代前期，是不可能出现的事儿。

第六章

跨越千余载的青铜器
夏商西周至秦汉时期

历史名词
盘庚迁殷
殷墟遗址
奴隶制社会

文物名词
商代后母戊鼎
商代「作册般」青铜鼋
西汉铜犀尊

第六章　跨越千余载的青铜器

咱们别急着看周武王伐纣，还是先回到商王朝最强盛的那段年月吧。在国家博物馆"古代中国陈列·夏商西周时期"展厅内，存放着一尊巨大的方鼎。此鼎是目前国内现存的体量最大、文物价值最高的商代青铜方鼎。与它相比，前面提到的那件杜岭一号大鼎，就显得要小巧许多了。

该向你怎么介绍后母戊鼎呢？首先来说说它的名字吧。自从这尊大鼎出土后，在很长一段时间内都被称作"司母戊"鼎。其铭文的第一个字被认为是"司"，通"祠"，也就是祭祀的意思。"司母戊"是祭祀母亲戊（商代人常用天干地支中的十"天干"，即甲乙丙丁戊己庚辛壬癸之一作为去世之人的代称。"母戊"就是母亲代称为"戊"者，这种类型的代称又被视作"庙号"）。但早在1962年，便有学者指出，商代文字正写、反写并没有区别，所谓"司"应释为"后"（"司"左右掉个儿就是"后"），称"后"代表她为"商王之后"。若是这样，以前人们所认为"司母戊"鼎是商王文丁给母亲（武乙的夫人）所做的祭祀之物，就变成了商王给王后所做的祭祀物。

商代晚期著名的方鼎中，除了"后母戊"大方鼎外，还有1976年在妇好墓中出土的"后母辛"方鼎（妇好被追谥为"辛"），以及20世纪30年代在安阳"西北冈"1004号商王大墓出土的牛方鼎和鹿方鼎。而这三只鼎的体量都相对较小，根本无法与后母戊鼎相比。后母戊鼎体量如此巨大，所能容纳的牲肉量可想而知，作为牺牲品的动物甚至可以整只放入鼎内进行烹煮。

能不能说后母戊鼎就是商周时期最大的青铜器呢？还不能。严格地说，它只是目前已发现的体量最大的青铜器。

见识过了后母戊鼎，以及陈列在"古代中国"展厅内的一大批青铜器后，或许你对商周时期灿烂的青铜文明产生了浓厚兴趣。咱们再来读读历史课本上的一段文字吧：商周时期的青铜器不仅种类丰富、数量众多，而且制作工艺高超。如司（后）母戊鼎，是迄今世界上出土的最重的青铜器。除了这令人震撼的后母戊鼎以外，我们还能见到一些器型较小却能叫人过目不忘的青铜器。比如，商代的"作册般"青铜鼋与西汉时期的铜犀尊。

第六章　跨越千余载的青铜器

咱们先来说说"作册般"青铜鼋吧。"作册般"是一个世代作某项官职（或是某种营生）的家族成员，这个人叫作"般"。般的职务是"作册"，也就是史官。商周时期，竹简是日常使用的书写材料，史官负责记言记事，需要书写简册，所以叫"作册"。如此一来，我们所知道的商周时期书写材料，就不仅有龟甲、兽骨，以及青铜器、陶器了。在国家博物馆内进行展示的"作册般"铸造之物，并不是他日常写字所用的简册，而是一件重要的青铜器——青铜鼋。

再来说说"鼋"。鼋是一种主要分布于长江以南地区的大型鳖类动物。春秋时期，楚国送给郑灵公几只鼋，郑国人把它们当作异兽，这说明春秋时代的中原地区并不产鼋。但上溯几百年，商王却能在现在的河南安阳也就是商代晚期都城附近的洹河中擒到鼋，这似乎意味着鼋的产地北端曾经到达河南与河北的交界处。

看到这里，或许你会产生疑问，作册般是怎么与青铜鼋联系在一起的呢？咱们再来看看这只奇特的青铜鼋吧。在这只青铜鼋的左肩和背上，总共插有四支箭。乍一看，似乎是四只箭头。但要仔细观赏，你会发现它们是箭尾。这说明铜箭已深深插入鼋的身体之内。看来，这只青铜鼋的原型生前曾惨遭乱箭射杀，但为何它会在死去之后被仿制成青铜器物呢？

或许，青铜鼋背部的铭文能够成为我们解读上述一切的关键。铭文总共32个字，开头第一句话就说明了，鼋是商王在洹水一带所获的猎物。接下来，铭文又讲道：商王对准鼋身上射了一箭，另有人射了三箭，全部命中目标。这件事，在动物学家看来，似乎有些不可思议。因为鼋一般是在水中活动的，人们很难射中它。即便命中，箭头也难以深入鼋的体内。所以，有人认为这只鼋并非被先射中再捕获的，而是早已被抓住，成为一个活靶子，再由商王等人射它。此番推论如果属实，射鼋则只是一种礼仪活动，而非捕猎行为。这样一来，作为史官的般，将商王的礼仪活动记录下来，再制作成器物，似乎也算合理。

除了这件"作册般"青铜鼋之外，与作册般有关的文物还有两件，器型分别为甗和觥，其中"作册般"铜甗也收藏在国家博物馆内。其铭文内容大致为："商王征伐夷

第六章　跨越千余载的青铜器

方，事后赏赐给作册般贝，般因此制作了祭祀自己父亲（父己）的器物。"夷方就是前面讲过的东夷，他们活动的中心区域在如今的山东大地。根据商代甲骨文记载，东夷是商王朝末期中原政权的最强劲对手，商王曾两次大规模征伐它。在《左传》当中，曾出现了这样的一句话："纣克东夷而陨其身。"也就是说，商纣王讨伐东夷，尽管胜利了，但由于实力大损，最终导致了自己的灭亡。商王朝的贵族与自由民战士都被拼掉了，国内只剩下些奴隶，临时组成起对付周的大军。由"作册般"铜鼋的铭文可知，"作册般"大体生活在商代末年。而同时期在位的商王，很有可能就是商纣王。

从某种意义上讲，商纣王也算是幸运的，至少他见到过不少只鼋，就像在他的视野内，也会出现不少头犀牛、大象一样。鼋于中原大地上消失的时间，要比犀牛、大象等早得多。根据考古学者的推测，犀牛在中国北方绝迹至早也是发生在西汉晚期的事。作为证据的，是西汉的一件重要青铜器物——兴平铜犀尊。

青铜犀尊是野生犀牛在中国北方基本灭绝前，西汉的工匠们为后世人们留下的一件重要珍宝，1963年发现于陕西兴平市。铜犀尊的造型生气勃勃，通体嵌错金银云气纹，十分精美。若要推到商代，中国北方大地的野生犀牛数量很多。在陕西岐山、扶风等地的周原遗址上出土的用犀牛骨制作的卜骨刻辞，说明周代犀牛数量仍然不少。

关中地区（也就是以长安为中心的渭河谷地）的野生犀牛，绝迹于西汉晚期。到了汉平帝元始年间（公元1年至5年）王莽辅政，为了彰显"威德"，其下属曾动员黄支（大致是在而今印度尼西亚苏门答腊的西北部）王遣使进献活犀牛，黄支王万里迢迢地把活犀牛送到了长安。很显然，如果当时关中一带还生存着野生犀牛，让黄支王进献一种常见的动物，似乎就没有必要了，还不如直接到郊外去抓呢。

说到这里，问题来了。中国北方的犀牛究竟是如何灭绝的？气候变化还是人类捕杀呢？自然环境发生变化，肯定是原因之一。但很重要的一点，是在铁铠甲兴盛以前，中国古代的战士多装备用犀牛皮制的铠甲。记得《楚辞·国殇》中有一句出名的话："操吴戈兮披犀甲。"在战

第六章　跨越千余载的青铜器

争频仍的春秋战国时期，出于军需目的而长期大肆捕杀，肯定会使繁殖率原本就很低的野生犀牛数量迅速减少。

　　汉代以后，虽然我国北方已罕见野生犀牛，但南方山区仍有犀牛种群栖息。及至唐代，野生犀牛的末日到了。当时的人们，喜欢在腰带上装犀牛角制作的饰牌。一条装高级犀跨的腰带，在此时成为人们于羡慕妒忌中不断追求的商品。这股追求犀带的热潮，自唐朝持续到五代，历时将近三百年。直到北宋，才出现"玉不离石，犀不离角，可贵者金也"的说法。官员的腰带转以装金跨为尚。究其原因，中国南方的野生犀牛已经所剩不多了。"没有需求，就没有伤害"，这句话放在何时何地都是对的。

第七章

记录史迹的青铜重器

夏商西周时期

历史名词

武王伐纣
西周建立
西周分封制度
西周诸侯国
"国人暴动"
周幽王
平王东迁

文物名词

利簋
天亡簋
大盂鼎
虢季子白盘

第七章　记录史迹的青铜重器

对于门外汉而言，是很难将商周时期的青铜器一下子区分开的。在国家博物馆的"古代中国陈列"展厅内，一部分商代的青铜器也是与西周青铜器混放的。按考古工作者的话来说，商周时期代表着中国青铜时代的巅峰。这话一点没错，国家博物馆、故宫博物院青铜器馆、首都博物馆青铜器展厅与保利博物馆的展品就是明证。

就在国家博物馆内，距离夏朝那只爵和商代早期青铜器不远处，摆放着一尊体量不大的青铜器。此物件，便是鼎鼎有名的"利簋"。利簋的厉害之处在于，它记录了我们历史上的一件重要往事。

公元前1046年，周武王联合各地势力，与商军在牧野决战，商军倒戈，周军占领商都，商朝灭亡。周武王建立周朝，定都镐京，史称西周。利簋是西周时代最早的青铜器之一，1976年出土于陕西西安的临潼区。在它上面，刻有四行铭文共32个字，正是记载了周武王伐纣一事。这可是历史上最早记载这件大事的珍贵实物资料啊。

铭文内容大意是：周武王征讨纣王的时候，是在甲子日（公元前1046年1月20日）的大清早。这时，岁星（也就是现在的木星）当位。这就是说，征商时间是与岁星运行的位置相吻合的。到了这一天的晚上，周武王的军队攻克了纣王的都城朝歌。"甲子日"，也就是牧野之战后的第七天，武王赐给有司（官名）利（人名）以金（青铜）。而这位担任有司官职的贵族"利"，便用受赐的青铜制作了这只簋。这件铭刻着"武王伐纣"史实的青铜器，早已被考古学界认定为西周青铜器断代的标准器物。利用它，便可以将商周两代的青铜器款式区分开来。

实际上，比利簋稍晚一些的西周青铜重器，也收藏在国家博物馆内。这便是周成王（周武王的儿子，周公辅佐的小天子）时期的天亡簋。

天亡簋有什么值得一看的呢？据专家考证，这件器物制作于周成王时期，是目前所见西周早期的重要青铜礼器，因铭文中有"天亡又王"字样，因此被称为"天亡簋"。

天亡簋被发现的时间在清道光年间，出土地点是在陕西岐山。至于天亡簋上的铭文，记载的是周武王灭商以后于辟雍内的明堂为其父周文王与上天举行祭典，追述周武王在周文王等历代先王的护佑下灭商的成就，称颂了历代

第七章　记录史迹的青铜重器

周王的功德。

这件青铜器是在西周初年，也就是武王伐商之后不久制作的。据此可以看出，商代晚期已然崛起的周部落并不比殷商落后太多，已经有了较为发达的文化，以及相当高超的青铜器制造技术。

周王根据血缘关系远近和功劳大小，将宗亲和功臣等分封到各地，授予他们管理土地和人民的权力，建立诸侯国。周代的贵族等级分为天子、诸侯、卿大夫、士。与分封制度有关的西周时期重要文物，我们在国家博物馆及首都博物馆内都能够找到不少。比如，大盂鼎、虢季子白盘等。

咱们先来说说这大盂鼎。大盂鼎是迄今所见西周时期最大的青铜器，它的制作者是周康王时的大臣。这件国宝在清道光初年出土于陕西省岐山，当时一齐出土的还有两尊鼎，其中一尊为小盂鼎。只可惜，现在仅存留大盂鼎。这尊鼎的铸造时间，是根据已失的小盂鼎铭文断定的，为周康王（周成王的儿子，西周王朝的第三代主人）二十三年。

大盂鼎内有铭文291字，记载了周康王二十三年九月，天子在宗周（也就是镐京，今天的陕西西安）训诰盂。他追述周文王接受天命，周武王继承文王的事业，建立周邦，广有天下，长治民众。理政时，不敢耽乐于酒；祭礼时，不敢借酒肇事。所以天帝愿辅庇先王，遍有天下。他听说商朝之所以坠丧天命，是因为从远方的诸侯到朝廷的大小官员都耽湎于酒，以致丧尽民心。大盂鼎的铭文上，指出了周立国的经验和殷失国的教训。大盂鼎的主人，既是西周天子的朝臣，又是分封土地、人口的贵族。

虢季子白盘也是一件重要的见证分封制度的器物。这个"虢"国，可是两周时期重要的姬姓封国。虢国的开创者虢仲和虢叔是周文王的同母兄弟，曾辅佐周文王扫平周边势力，为周王朝的崛起并最终取代殷商立下过汗马功劳。公元前1046年，周武王灭商后，开始在全国范围内大规模分封同姓诸侯。虢仲、虢叔所封之国便是这样两个重要的同姓国。虢仲、虢叔都以"虢"为国号，以致后人很难弄清楚"谁是东虢，谁为西虢"。目前，很多学者都认可的是"虢仲封东虢（今河南荥阳附近），虢叔封西虢（今陕西宝鸡附近）"的说法。两个虢国作为周王室东西两面的屏障，都起到了拱卫都城镐京的作用。

自西周至春秋时期，两个虢国的历代国君都在周王室担任卿士将臣，世代称公。到了西周末年，随着周王室的衰微，虢国也逐渐衰落。周平王四年（前767），东虢被郑国灭掉。由于不堪犬戎部落的侵扰，西虢东迁至今河南三门峡、山西平陆一带，建都上阳城，因其地跨黄河南北，故又被分称为南虢和北虢。这两个"虢"实为一虢，于公元前655年被晋国假道于虞而灭掉。从而留下了"假虞灭虢，唇亡齿寒"的著名典故。

虢季子白盘是目前发现的商周青铜水器中最大的一件器物，约在清道光年间出土于陕西宝鸡一带。掘出来后被当地人当作饮马槽使用。几经辗转，虢季子白盘于1950年由刘肃曾献给国家，现藏于国家博物馆内。

虢季子白盘上刻有111个铭文，记录了周宣王时征伐猃狁的战事。周宣王是西周晚期的一位有作为的君主。历史课本中提到的周厉王是他父亲，而他的儿子正是昏庸的周幽王。

在国家博物馆内，还陈列着一系列西周分封制下的诸侯国文物。比如，制作于西周初期的"召"青铜卣（记录了封赐召公土地与人口之事）、周成王时期的青铜簋（记录了册封晋国诸侯之事）、周康王时期的宜侯青铜簋、西周早期的"匽侯"青铜盂（"匽侯"即燕侯）等。这样的文物，实在是有点多。

如果你对落脚于房山区琉璃河的燕国感兴趣，首都博物馆内所收藏的一批琉璃河商周遗址文物，或许能令你大饱眼福。从目前已知的商周时期燕地体量最大的青铜器堇鼎，到精美大气的伯矩鬲，再到铸造技艺高超的克盉、克罍，每一件文物都见证了分封制度对燕地所产生的影响。

公元前841年，周厉王与民争利，引起"国人暴动"。厉王逃亡。到周幽王时，朝政腐败，社会各种矛盾激化。公元前771年，西周王朝被犬戎族所灭。后来，周平王东迁洛邑，史称东周。

作为周厉王统治时期重要见证的，是国家博物馆内展出的一尊青铜簋。在器物上面，铭刻着周厉王派兵征讨南夷的史实。由此看来，周朝的天下自始至终都不太平，随

第七章　记录史迹的青铜重器

时都会有一些大大小小的战事发生。周厉王"与民争利",多半不是为了自己花天酒地,或许是因为军费开支过于庞大了。正因如此,分封制度的"以藩屏周"、巩固疆土的作用才能体现出来。当周朝的天子,确实不容易啊。

第八章

金文礼器中的英雄谱

春秋战国时期

历史名词

春秋五霸

文物名词

「秦公」青铜簋
楚国「王子婴齐」青铜炉
「王子午」青铜鼎
「吴王光」青铜鉴
「吴王夫差」青铜鉴
「吴王夫差」剑

第八章　金文礼器中的英雄谱

在国家博物馆"古代中国陈列"展厅内，如同商代与西周被混放布置的某些文物一样，东周时期的两个阶段：春秋与战国的文物，也是混放的。春秋与战国，只不过是后辈人对于那段历史的分期。至于当时的人们，是根本不会意识到自己究竟是生活在春秋，还是生活在战国时期的。

关于"春秋"这一划分东周前半段的时代名称，其最早源于鲁国史书《春秋》（千万记得，这部作品不是孔子撰写的）。昔日各诸侯国都设有史官，史官的职责就是要把各国报道的重大事件按年、季、月、日的顺序记载下来。鲁国史官则将一年分成春、夏、秋、冬四季来做记录。接下来，他们取"春秋"两字命名这部编年史。鲁国《春秋》经孔子修订，最终成为儒家经典之一，且被保存至今。《春秋》记载了从鲁隐公元年（前722）到鲁哀公十四年（前481）总共242年的史事，后来的历史学家便以这部书名作为这个时期的名称。为了叙事方便，现今所确定的春秋时代，开始于周平王元年（前770，也就是东迁洛邑的那年），截止于周敬王四十四年（前476），总共295年。之所以要将春秋结束之年确定在公元前476年，是因为这一年周敬王去世。最早采取这种划分方式的，是创作《史记》的司马迁。而历史就是这样有趣，待进入战国之后的第三年，也就是公元前473年，卧薪尝胆多年的越王勾践一雪前耻，终于率兵消灭了吴王夫差。勾践也成为"春秋五霸"中的最后一位霸主。但他称霸的时间，居然算在战国时代，你是否会觉得有些不可思议？

接下来，咱们再说说"战国"一词的由来。"战国"一词的出现是在先秦时期。只不过，当时的战国说的是逐鹿中原的那些大国。到了西汉末年，史学家刘向在编辑《战国策》一书时，才开始把战国作为一个特定时代的名称。战国时期开始于周元王元年（前475），即《史记·六国年表》开始的那一年；截止于秦王政二十六年（前221），即秦灭齐、统一六国的那一年，总共255年。从春秋到战国的更替，有两件大事可作为标志。其一，是赵魏韩三家分晋；其二，是齐国权臣田氏取代了齐国君主姜氏。

要是提及春秋时代，很多人的脑海里最先浮现的，多半会是"春秋五霸"与孔子的形象。春秋时期的五位霸主，

第八章　金文礼器中的英雄谱

按照不同的理解，大概可分成两组：齐桓公、晋文公、秦穆公、宋襄公和楚庄王为一组；齐桓公、晋文公、楚庄王、吴王阖闾（也有人认为是阖闾的儿子夫差）、越王勾践为另一组。认为前一组的，大都是以中原地区人们的观念为准；认为后一组的，则是以春秋时期诸侯国君的自身实力作为依据。如果把两组人累计起来，一共该有七位或八位霸主。

这些霸主所涉及的七个诸侯国都有相应的出土文物在国家博物馆内进行展示。比如，齐桓公时代"管鲍之交"的鲍叔牙后代所制作的齐国"鲍子"青铜镈，出土于山西侯马的晋国"兽耳"青铜壶，出土于山西浑源的嵌赤铜鸟兽纹青铜壶，记述了秦国先祖创业过程的"秦公"青铜簋，楚国"王子婴齐"青铜炉与"王子午"青铜鼎，吴王光青铜鉴与吴王夫差青铜鉴，越王勾践剑等。

这些文物每一件都值得细细道来，碍于篇幅有限，我们只选取其中的几件。

首先，咱们讲讲"秦公"青铜簋。这件青铜簋的主人到底是谁，目前还没有最终的结论。但这位主人一定是秦公，而且是秦景公（前576—前537在位）和秦哀公（前536—前501在位）当中的一位。根据秦公簋盖子上与器物内的秦汉刻字，我们大体能够推测，这件器物一直被使用到秦汉时期。而它的最初使用地点，则是在秦国的西垂陵庙（位于现在的甘肃礼县）。

接下来，咱们说说楚国"王子婴齐"青铜炉。这件文物出土于河南新郑李家楼的一座郑国大墓中。跟它一道出土的，还有著名的莲鹤方壶等（莲鹤方壶总共出土了一对，其中的一件收藏于北京故宫博物院，另一件则收藏在郑州的河南博物院）。这楚国的文物，怎么会落到郑州的大墓里去了？其实，青铜炉主人"王子婴齐"的身份极为特殊，他是楚穆王的儿子、楚庄王的兄弟，还担任楚国令尹（相当于丞相）约二十年，于公元前570年去世。"王子"指的是他的身份。在担任令尹期间，他率兵伐郑，又曾救郑，"王子婴齐"青铜炉进入郑国的墓葬，似乎就不算奇怪了。

"王子婴齐"的侄子，也就是楚庄王的儿子"王子午"，亦留下了一些重要文物，被陈列于国家博物馆展厅中。叔侄两代人的文物同处一个展厅，这事儿倒也蛮有趣的。王

第八章　金文礼器中的英雄谱

子午既是楚庄王的儿子，又是楚共王的弟弟。他的名字叫"午"或"子庚"，与"王子婴齐"一样，"王子"两字代表"午"的身份。根据《左传》中的记载，王子午于公元前558年至552年担任楚国的令尹。由此看来，王子午的最高职位，也跟他叔叔一样。国家博物馆内展陈的王子午鼎，出土于河南淅川下寺2号墓。当时出土的鼎总共有七件，国家博物馆所藏的"王子午"鼎就是其中之一。

咱们再来聊一聊"吴王光"青铜鉴吧。你若问"吴王光"是谁，他就是鼎鼎大名的吴王阖闾啊。吴王阖闾（前514年—前496在位）的父亲就是个有本事的，叫作僚；阖闾的儿子也很厉害，叫作夫差。有些学者便将夫差算作春秋五霸之一。其实，依我的想法，僚、阖闾、夫差三代吴王，都可以被称作"霸主"。国家博物馆中的这件吴王光鉴，出土于安徽寿县的蔡侯墓。而这位蔡侯，乃是春秋晚期蔡国国君蔡侯申（蔡昭侯，前518—前491在位）。前491年，吴王光鉴与诸多蔡侯申自作的器物一道，被当成随葬品陪伴着蔡昭侯埋入地下。看到这里，问题又来了，吴王光（阖闾）所作的器物怎么会埋入蔡昭侯的墓中呢？

根据历史学家的推断，吴王光鉴并不是留给阖闾自己用的。从铭文看，这件器物是为一个叫叔姬的人而制作。叔姬是谁？她是排行为"叔"的姬姓女子。按照当时的排行，女性一般被称作"孟""仲""叔""季"等。齐国有个贵族姜姓女子，与齐国国君有亲缘关系，且在家排行老大，所以被起名"孟姜女"。吴王室为姬姓，也就是周天子的远房亲戚，因此这个叔姬可能是阖闾的女儿或妹妹。阖闾为叔姬作的铜鉴出土于蔡侯墓，说明它很可能是一件陪嫁物。叔姬的丈夫，应该就是蔡昭侯。

我们再回到器物本身。吴王光鉴究竟是个什么用途的器物呢？经分析，可以确定它是一个冰鉴。需要说明的是，吴王光鉴同出两件（另一件仍在安徽），出土时鉴内各有一件楚式的盛酒器尊缶。至于一道出土的铜勺，应该是尊缶附属物。

值得一提的是，国家博物馆还收藏着一件吴王夫差鉴，据说出土于河南辉县，器物的用途应与吴王光鉴差不多。吴王夫差（前495—前473在位）是吴王光（阖闾）的儿子，也是吴国王位的继承者。作为吴国的最后一代霸

第八章　金文礼器中的英雄谱

主,同时也是亡国之君,他的形象比较多元,容易引起人们的议论兴趣。在国家博物馆中,另有一件属于夫差的文物,那便是吴王夫差剑。

此剑实乃春秋时期的一件重要兵器。它是1976年河南省辉县百泉文物保管所工作人员在废品回收部门的协助下从一堆废铜中发现的。据工作人员的调查,认为可能是1949年以前被人从辉县琉璃阁战国墓葬中盗出的。根据国家博物馆工作人员的介绍,这把剑全长59.1厘米,剑身宽5厘米。剑柄上有两道箍,剑格上有兽面花纹,镶嵌绿松石,剑身布满花纹,锋锷仍很锐利。

第九章

青铜钟鼎上的战国风云

春秋战国时期

历史名词

战国七雄

文物名词

魏国鎏金嵌玉镶琉璃银带钩
楚国"鄂君启"错金青铜节
高青铜缶
面纹瓦当
套杯
"四年相邦吕不韦"戈
"甘斿"银匜

第九章　青铜钟鼎上的战国风云

如果问你，想尝试生活在古代的哪个时期，兴许有不少朋友会希望回到三国时代；而选择战国时期的人数就会少许多。其实，从战争频繁程度，或不同的政治、军事集团间斗智斗勇的激烈程度上，战国时代其实与三国时代不相上下。

在我们的历史课本中，关于"战国时代"是这样描述的：当时的诸侯国有十几个，其中齐、楚、燕、韩、赵、魏、秦七国的势力较强，史称"战国七雄"。

这七个国家，再加上敢于称王的中山国，为后辈子孙留下了数也数不尽的珍贵文物。在国家博物馆的展厅内，就陈列着一大批战国文物珍品。比如，出土于山东诸城的齐国人形青铜灯，出土于河南辉县的魏国鎏金嵌玉镶琉璃银带钩，出土于安徽寿县的楚国熊悍鼎，出土于安徽寿县的楚国"鄂君启"错金青铜节，出土于山东泰安的楚国尹楚高青铜缶，出土于河北易县的燕下都兽面纹瓦当，出土于北京昌平的燕国朱绘兽耳陶壶，出土于陕西凤翔的秦国青铜套杯，出土于湖南长沙的"四年相邦吕不韦"戈，以及出土于河南洛阳的东周"甘斿"银匜等。其中，我们需要说道说道的，有这么几件文物。

咱们先来说说这魏国鎏金嵌玉镶琉璃银带钩。好长的一串名字啊。分开来就是：以银子为底的带钩，鎏金，嵌了玉和琉璃。带钩可是先秦时期人们衣物的重要组成部分。由于它具有装饰性，因此古代工匠在带钩上凝注了大量的艺术创造。从已出土的战国时期金银器物中，我们可以推测，金银带钩是相当重要的品种。其中，又以河南辉县战国魏墓内出土的这枚鎏金嵌玉镶琉璃银带钩最为精美。带钩呈琵琶形，底为银托，面为鎏金浮雕兽形，两侧各缠绕着一条夔龙，龙口衔着一只雕琢精美、状若鸭首的白玉带钩。这件带钩不仅是魏国王室的随葬珍品，也是战国时期金银带钩中的代表。

楚国"鄂君启"错金青铜节是什么物件儿？根据青铜节上的铭文记载，专家们认定，这是战国时期楚怀王六年（前323）颁发给鄂君启用于贸易的通行证。鄂君启是被楚国分封在湖北鄂城的领主，青铜节则出土于安徽寿县。此青铜节中有一件是"舟节"，进行水路贸易时使用；另一件叫作"车节"，进行陆路贸易时使用。铭文中还规定了运输货物的规模、种类、次数、路线以及征免关税的具体条文。

在春秋战国时期，贸易已经成为推动各诸侯国"富国强兵"的重要方式，商人自然会受到各国国君的礼遇。孔子的学生子贡因经商致富，受到了诸侯们的极大欢迎。诸侯们为了笼络商人，还与商人缔结保证货品运输畅通与不强迫买卖的盟约。这两件青铜节，便是楚国礼遇商人的重要体现。

说来也巧，咱们要介绍的下一件文物，居然与青铜节还能产生一些联系。下面的文物，是来自秦国的"四年相邦吕不韦"戈。这位吕不韦，认为流落赵国邯郸且做了人质的秦国公子嬴异（也就是异人）"奇货可居"。因此，吕不韦凑了一大笔钱，向秦国安国君的华阳夫人进行贿赂，让膝下无子的华阳夫人将嬴异当作儿子，以便继承秦国国君之位。华阳夫人姓芈，根据历史学者的推测，应该与大秦宣太后同族，而且还是血缘相近的祖孙。而大秦宣太后又是楚怀王的同族姊妹。

这件"四年相邦吕不韦"戈于1957年在湖南长沙附近

出土。戈内侧的两面均刻有铭文。正面写道："四年。相邦吕不韦。寺工龙丞□。"背面刻一"可"字。这段铭文是什么意思呢？"四年"，是指秦王政（也就是秦始皇称帝之前）四年，即公元前243年。"相邦"是百官之长，为最高级别的行政官员。后来，由于汉代需要避讳高祖皇帝刘邦的名字，才把"相邦"改为"相国"。"寺工"，是秦国铸造兵器的机构之一。"龙"，是人名，而且应是寺工的长官，就相当于现在的兵工厂厂长。"丞"是副职、助手的意思。"□"是此处缺个字，大概是缺一位工匠的名字。解读完毕，这件青铜戈的来历就很清楚了：在秦王嬴政在位的第四年，由相邦吕不韦督造，寺工负责人"龙"和他的副手主造，再由一些工匠具体负责，铸造出了这件铜戈。

根据历史课本的说法，至少在秦始皇统一天下之后，辅助皇帝处理政务的应该是丞相。这"相邦"是怎么冒出来的？它与丞相是不是一回事呢？实际上，秦国相邦的职位要比丞相高，丞相相当于相邦的助手。相邦在位时，丞相往往空缺；如果相邦缺乏合适的人选，就会任命丞相暂

第九章　青铜钟鼎上的战国风云

时代理相邦之职。吕不韦担任相邦的时间，是在秦王政元年至九年（前246—前238）。直到十年（前237）吕不韦被罢免，秦王嬴政才开始亲政。目前在全国各地都发现了吕不韦督造的铜戈，铭文上的纪年，有三年、四年、五年、七年、八年、九年等几个时间，也从一个角度证实了这一点。

在国家博物馆中，还收藏了一件五年相邦吕不韦戈。戈铭是："五年相邦吕不韦造。诏事图丞茸工寅。"这里的铸造机构是"诏事"，属于另外一家兵工厂。看来这位相邦吕不韦，是挂着秦国各处兵工厂主管之名，要对秦王嬴政负责的。

其实，从目前出土的战国时期文物来看，此时的青铜器制品，最为精美的要数北方的中山国王墓与南方的曾侯乙墓。中山国王墓内出土的文物，被收藏在位于石家庄的河北省博物院。而曾侯乙墓的文物，则被国家博物馆、湖北省博物馆与曾侯乙墓博物馆分别收藏。关于这方面的话题，咱们有机会再慢慢聊吧。

第十章

石碑上的诸子百家
秦汉时期至魏晋南北朝时期

历史名词

孔子创立儒家学派

诸子百家

董仲舒与「罢黜百家、独尊儒术」

文物名词

银雀山汉墓『孙子兵法』

明刻本《论语》《孟子》《墨子》《庄子》《韩非子》《管子》《吕氏春秋》

《左传》

汉代熹平石经

曹魏正始石经

第十章 石碑上的诸子百家

谁是古代中国最伟大的教师呢？这对你来说，或许根本不是个问题。孔子，他早已成为庙堂中接受香火和各种供品的"圣人"了。但他毕竟是春秋时期的人物（生活在前551—前479），除了一大堆传说故事之外，并没有留下太多真迹。目前，我们能够见到的山东曲阜孔墓，算得上是最珍贵的孔子文物。别的东西，包括河南卫辉比干庙中的孔子题刻"殷比干墓"字样在内，连专家都无法肯定其真实性。课本里出现的孔子形象，据说来自唐代"画圣"吴道子的手笔。但那究竟是不是孔子的真实相貌，就很难说清了。在国家博物馆中，先秦时期的诸子百家作品，是有专门区域进行展示的。只可惜，那里陈列的百家书籍，没有一本（册）来自先秦时期。最早的一件文物，是书写着"孙子兵法"的汉代竹简残件，它们来自山东临沂的银雀山。除此以外，就是一大批明代的刻本了。孔子弟子编撰的《论语》，与《孟子》《墨子》《庄子》《韩非子》《管子》《吕氏春秋》《左传》等，都是比较完整的本子，但与曾经的作者或讲述者有多少关联，或有无关联，皆不好妄下判断。

在这里，咱们只说孔子，以及他所创立的儒家学派。曾有学者指出，孔子与孟子的生活年代并不接近，两人的儒学思想已经存在着诸多区别。孔子的儿子是孔鲤，孔鲤的儿子是孔汲（也就是子思，据说创作过《中庸》），孔汲的弟子才是孟子。孟子出生的时候（前372），孔子已经去世一百多年了。他俩的思想，当然会随着时代的发展，出现很大不同。在孟子59岁的时候，又一位儒学思想家诞生，他便是荀子。荀子是先秦时期儒家思想集大成的人物，他的某些想法是与孟子截然相反的，比如孟子提倡"人之初，性本善"，荀子则说"人之初，性本恶"。

直到秦始皇统一天下，儒家思想依然是知识分子学习的重要内容，但并不被官府所提倡。秦始皇的治国之道，采用的是韩非子的法家思想。而西汉之初，则遵奉黄老之学（道家思想）。到了西汉武帝的时候，才呈现儒家思想"一统江湖"的局面。此时，出现了一个名叫董仲舒的人物。他是儒家思想的传播者，同时又站在皇帝的角度上考虑问题。于是，汉武帝龙颜大悦，进而采纳了董仲舒"罢

第十章　石碑上的诸子百家

黜百家、独尊儒术"的建议。此后国家任用知识分子,都要求其事先学通儒家思想的治国方略,以儒家学说的内容作为选拔人才的考核依据。这样一来,儒家思想的至尊地位,就确立起来了。

位于国家博物馆"古代中国陈列·秦汉时期"的展区内,摆放着两块石刻残片。这两块残片,都出土于河南偃师一座默默无闻的小村庄。你可别小瞧这座村庄,东汉时,这里乃是全国最高学府太学的所在地。在那个年月里,太学生的人数多达三万人。太学生们读的儒家经典作品,都是相互间反复抄写的。经书被辗转抄写得多了就难免出错。到了熹平四年(175),汉灵帝命令大学问家、大书法家蔡邕等人以隶书写定《诗》《书》《易》《礼》《春秋》《公羊传》《论语》"七经"(前五部是我们常说的"五经",《公羊传》是《春秋》的注解本,《论语》在宋代以后成为"四书"之一)。光和六年(183),写好的经书被刻到石碑上,立在太学之中,以便读经人校对正误,这就是有名的"熹平石经"。从这一年起,太学立碑处就成为全国各地文人向往的地方,吸引着当时的读书人纷纷前来诵读抄写,每日车来人往，填街塞陌。

根据国家博物馆的专家介绍，熹平石经的出现对中国印刷术的发明也起到了促进作用。汉代虽然发明了造纸术（东汉的蔡伦只是改进造纸术，他并未发明造纸术，这点千万别搞错。在国家博物馆的展厅内，就陈列着两汉时期的纸制品，它们的出土地点大都是在甘肃。这些纸制品出现的时间，也要早于蔡伦生活的年代），但对文化传播起决定作用的印刷术并没有发明出来。熹平石经是官定儒家经本，是当时所有读书人梦寐以求的读经范本，但并不是所有人都能亲临太学瞻读摹写。为了解决这个问题，一种新的方法——传拓技术也就应运而生了。据说，东晋时期的"书圣"王羲之，早年练习书法的范本便是熹平石经。人们受拓墨技术的启发，才促进了雕版印刷术的发明。

说得这么热闹，熹平石经到底被完整地使用了多久呢？提起来不免有点尴尬。就在熹平石经矗立于太学的第二年，也就是中平元年（184），规模浩大的黄巾起义爆发了。这就是我们熟知的后汉三国英雄故事的开篇。可惜了

第十章　石碑上的诸子百家

熹平石经,从此不再有好日子过。

一场农民起义,搅得汉朝天下大乱,群雄逐鹿,太学也在战火中被摧毁,熹平石经更是成了一堆残破石块。黄初元年(220)曹丕建立魏国后,便很快恢复了太学。到了魏正始二年(241)政府又开始整理熹平石经的碑石,并刻写新的石经作为补充。与汉代石经不同,这次新立了二十八块碑石,上面仅刻写了《尚书》与《春秋》两部经书,而且是用篆文、古文、隶书三种字体书写的。篆文是指秦代所通行的小篆;古文是指先秦诸子使用过的文字;隶书则是两汉三国时期流行的文字。好家伙,将三种不同时期的文字放在一起,对比着撰写石经,看上去跟《英汉词典》一样,确实很有意思,这些碑石也因此被称为"三体石经"。由于刻石是在正始年间,所以也被称作"正始石经"。

此后,正始石经受到了历代政府的重视。但从北朝开始,石碑被多次迁移,也屡次被毁,现在只剩下了一些残石。1922年,盗掘者在洛阳太学遗址挖出了最大的一块残石,刻上一千八百多字。盗掘者嫌转运不方便,就将它凿成了两半。残石的一半辗转"漂移"到了现在的河南博物院,另一半就是现存于中国国家博物馆的这块碑石。

第十一章

兵马俑之外的大秦帝国

秦汉时期

历史名词

嬴政统一天下
秦始皇
统一文字
统一货币
统一度量衡
中央集权君主专制的确立
秦都咸阳

文物名词

先秦石鼓文
秦代琅琊台刻石
两诏青铜版
战国时期楚国『王命传』青铜虎节
汉代张掖太守虎符
阳陵虎符
咸阳宫龙纹空心砖

第十一章　兵马俑之外的大秦帝国

走进国家博物馆"古代中国陈列·秦汉时期"展厅，首先见到的秦代文物不是秦始皇陵的陶质兵马俑，而是秦始皇与秦二世父子所撰文的"琅琊台刻石"。这方早已残缺不全的刻石太重要了，它所反映的正是大秦帝国实现统一之后的豪迈与威严，光荣与梦想。

在战国时代，各国文字的形体非常纷乱，不但字体各不相同，就算是同一个字，所采用的声符、形符也都有很大差异。这就有点类似于欧洲大陆的各语种，英语、法语、德语、西班牙语、葡萄牙语等。比如，在先秦时代的秦国，便有一种处于金文（刻在青铜器之上的文字）与小篆之间的文字，由于其被镌刻在石鼓的表面，所以被称作"石鼓文"。这些镌刻于秦献公十一年（前374）的石鼓文，是现存最早的石刻作品。在经历了两千余年的岁月洗礼之后，这些文字还能完整地保存下来，不能不说是个奇迹。目前，石鼓文被安置在故宫博物院的珍宝馆（宁寿宫）内。

自秦统一六国后，"文字异形"给政令的推行和文化的交流造成了严重障碍，于是秦始皇便责令丞相李斯负责对文字进行整理，一定要制定出新字体作为官方文字。李斯取史籀大篆，创造出小篆作为秦代官方文字。

李斯可是个不得了的人物，他不仅是秦代著名的政治家，而且也是一位杰出的书法家（尽管此时的书法艺术尚处萌芽阶段）。他对篆书有着很深的造诣，以至于后世都推李斯为秦代书法家之首。出于统一文字的需要，李斯创作《仓颉篇》。同时代的书法家赵高、胡毋敬等，也都以大篆为基础书写小篆，对小篆的形成做出了重要贡献。

经过一番改造，由大篆所形成的小篆，字形比较简化。小篆之后的文字被称为"今文"，而之前的文字则被称为"古文"。秦代篆书主要用于官方文书、刻石、刻符等，流传至今的作品有泰山刻石、琅琊台刻石、峄山刻石、会稽刻石，据说，这些作品都出自李斯之手。其中，又以泰山刻石和琅琊台刻石最具代表性。

泰山刻石的残件目前被安放在山东泰安的岱庙之中；峄山刻石原件毁于南北朝时期，现有宋代摹刻碑存于陕西西安碑林，元代摹刻碑则存于山东邹城博物馆；会稽刻石原件也已丢失，现有清代刘征复刻碑（钱泳本）存放在浙

第十一章　兵马俑之外的大秦帝国

江绍兴大禹陵的碑廊中。

琅琊台刻石是目前最为可信的秦代石刻之一，它分为两个部分，前半部分"始皇颂诗"刻于秦始皇二十八年（前219），后半部分"二世诏书"刻于秦二世元年（前209），相传为李斯所书，属小篆书法作品，与前面介绍过的峄山刻石、泰山刻石、会稽刻石合称"秦四山刻石"。

除了文字，秦始皇时代还统一或规范了社会生活的方方面面。比如，他统一了度量衡制度。在国家博物馆的展厅内，摆放着自战国至秦代的一组量器。具体到秦代，有青铜量、秤锤，以及秦二世所颁布"统一度量衡"诏书的两诏青铜版。这块青铜版，制作于秦二世元年（前209），其大体内容，是说秦二世要继承秦始皇的统一政策。仅从诏书文字来看，秦二世也算是工作努力的。

在建立了中央集权和君主专制制度以后，秦始皇父子又是如何控制天下军队的呢，这就得依靠一样小物件了。

这个小物件，就是著名的虎符。听到"虎符"，你会不会想到魏信陵君"窃符救赵"的故事？公元前257年，秦军攻打赵国，而且已经打到了赵国都城邯郸（那时候，秦赵"长平之战"刚刚过去三年。赵国的兵士被坑杀四十万，连同战死的几十万，导致赵国几乎没有可打仗的青壮年）。赵国求助于魏、楚两国，魏国派大将晋鄙率军十万救赵。此时，秦国向魏国施加压力，魏王屈服，令晋鄙按兵不动。赵国相国见魏国不肯进兵，就写了一封告急信给魏国相国信陵君。信陵君通过魏王妃子如姬的帮助，盗出魏王亲自掌握的半个虎符，假传王命，击杀晋鄙后夺得兵权，然后率兵八万，会同楚军一起救赵，遂解邯郸之围。

这里起到关键作用的虎符也叫作兵符，因为被制作成伏虎的形状而得名，它是古代君王调动军队的重要凭证之一。虎符由左右两半组成，平时右半符保存在国君手中，左半符则发给地方上统领军队的将帅。要调动军队时，国君派使臣持右半符前往驻地，与存于将帅手里的左半符验合，将帅方能调动军队。

虎符盛行于战国秦汉时期，一般都是专符专用，一个地方只有一个虎符，一个虎符不能同时调动两个地方的军队。到了唐代，才改用鱼符或龟符，宋代又恢复使用虎

第十一章 兵马俑之外的大秦帝国

符,元朝则用虎头牌。

在国家博物馆"古代中国·春秋战国时期"展厅内,存放着一件楚国"王命传"青铜虎节。其出土地点是在安徽寿县,也就是楚国的最后一座都城。这可能是国内已知最早的虎符之一了。此外,便是杜、新郪、阳陵三枚秦国虎符。阳陵虎符是秦始皇统一全国后,颁发给阳陵驻守将领的铜制兵符。左右符各有两行十二字:"甲兵之符,右在皇帝,左在阳陵。"它是符节制度的重要实物。

看罢虎符,问题来了——虎符上铭刻着的"阳陵"到底在哪儿?如今提及阳陵,多数人会首先想到汉景帝的陵墓,其位置在陕西咸阳市渭城区正阳乡张家湾村北。这个地方以前属弋阳县,汉景帝于前元四年(前153)在此修建自己的陵墓,才把县名改成阳陵。这样说来,阳陵虎符会不会是汉景帝以后的呢?根据考古专家的研究,它是件不折不扣的秦代文物。关于阳陵的地理位置,有些人推测是在洞庭郡(今湖南),还有人认为是在中原或淮北的楚国故地。到目前为止,尚未有准确的结论。

除了阳陵虎符外,目前知道的秦国虎符还有两枚:一是杜虎符，1973年在西安郊区发现，现存于西安的陕西历史博物馆。"杜"指的是杜县，在如今西安的西南郊。一般认为，杜虎符制作于秦惠文公称王前的十三年之内，即公元前338年至前325年；二是新郪虎符，现为法国巴黎陈氏私人收藏。新郪虎符使用的年代是在战国末年，也就是秦始皇统一天下之前。依照国家博物馆的专家介绍，这三枚秦虎符有一些共同特点："都发到县，而不是郡；左右半符都有完整铭文，且都是错金铭文。"从杜虎符到新郪虎符，再到阳陵虎符，在细节上是有着重要变化的，比如称谓从君到王，再到皇帝；虎形从走姿到卧姿；铭文从繁到简。三枚虎符中，只有阳陵虎符使用于统一全国后的秦代。

既然提到了虎符，这里还得多延伸几句。在国家博物馆中，另收藏有一件汉代的珍贵虎符"张掖太守虎符"。这枚铜质的虎符也分左右两半：右半留在京师，左半发给张掖郡（张掖属于河西四郡之一，设置于汉武帝时期）。国家要发兵作战，派遣使者到张掖，郡守必须验合左右虎符方能生效。国家博物馆收藏的此枚虎符只有一半，虎身

第十一章　兵马俑之外的大秦帝国

侧面嵌"张掖左一"银字，背存"与张掖太守为虎符"八字的左半边。如此看来，这件文物是西汉政府颁发到张掖郡的虎符。汉代使用铜虎符发兵的制度，开始于汉文帝前元二年（前178）。

在历史课本中，关于秦朝都城的介绍只有一句话：公元前221年，秦国完成统一大业，建立秦朝，定都咸阳。秦始皇及秦二世"工作"的地点是在咸阳，但咸阳的宫殿又在哪里呢？你会不会认为是在阿房宫？毕竟，"秦始皇大规模地征调民力服徭役"，就是为了"修建骊山陵和阿房宫"。可是阿房宫根本就没建造起来。到了秦代灭亡，它便彻底成了"烂尾房"。所谓"楚人一炬，可怜焦土"，不过是文学家的臆断罢了。

如此说来，秦朝皇宫应该另有所指。在国家博物馆的展厅内，存放着秦朝龙纹空心砖。别觉得这方灰头土脸的大砖不值得一看，它可是出自咸阳的秦国（朝）一号宫殿遗址。从秦孝公十二年（前350），秦王将都城自雍迁到咸阳的那天起，到秦王子婴于公元前207年向刘邦投降为止，咸阳宫殿至少使用了一百三四十年。或许只有它，能够见证秦始皇父子的工作到底有多繁忙。也或许是它，能够见证从商鞅变法到秦始皇父子统治时期的君王工作与生活原貌。

第十二章 一枚钱的千年纷争

历史名词

中国货币发展史

丝绸之路

文物名词

贝币

先秦货币

秦半两

汉五铢

王莽时期货币

唐代开元通宝及历代通宝

波斯银币

东罗马金币

第十二章　一枚钱的千年纷争

如果你在海边漫步，会不会捡拾那些色泽鲜艳、形状奇特的海贝？如果你把那些海贝带回家，又会不会想着要在上面做一番加工呢？这可是个精细活儿，换了我就做不来。但三千多年前的商朝人却做到了，而且还用经过加工的海贝进行交易，买这买那。夏晚期最早的贝币，就这样出现在集市上了。此后的一千余年里，华夏大地各处陆续出现造型各不相同的金属货币，或是铲子的形状，或是刀的形状，或是海贝的形状，或是"天圆地方"的形状。这些眼花缭乱的货币，收藏起来或许是件乐事，但当时使用起来却是件麻烦事，因为需要兑换。不同诸侯国之间的经济交往，也会因此受阻。

终于有一天，秦始皇统一了天下，这些琳琅满目的货币，总算用到了尽头。秦代官方规定使用的是圆形方孔、无廓、钱币上铸有篆书"半两"二字的半两钱。史料记载，这种货币"重如其文"，就是说，钱币本身的重量就是秦代的半两重。其实，早在战国时期的秦国，半两钱就已经开始流通。统一六国后，秦始皇实行统一货币的措施：规定货币分为两等，黄金为上币，以重二十四两的"镒"作为单位；圆形方孔的青铜钱为下币，以重十二铢的"半两"为单位。你看，单单使用半两钱是不够的，尤其买不了大件、贵重的商品。

秦始皇统一货币，不仅仅是简单地统一货币的形制、重量，他还专门立法以保证货币的铸造、收藏和流通等。政府严禁私人铸造钱币，私铸者将受到法律的制裁。

秦朝半两钱的出现，使得古代中国的货币样式由此固定，并延续使用了两千余年。

西汉初年，秦代铸造的半两青铜钱继续在民间流通。可当时经济凋敝，政府便允许百姓自己铸造"荚钱"。所谓荚钱，就是既轻且薄的钱，钱的表面上仍然刻有"半两"字样。由于钱越来越轻，一些不法之徒便乘机囤积居奇，导致物价飞涨，以至米每石高达万钱，马每匹至百金。自汉高祖至汉武帝在位之初的七八十年时间里，虽然钱币的样式没发生什么变化，但轻重分量却一直在变，老百姓能否铸钱的政策也一直在变。总体上讲，政府对铸钱采取的是放任政策，这就导致流通的钱币轻重大小都不一致，私人往往偷着铸造不合政府规定的劣质青铜钱来牟取暴利。

第十二章　一枚钱的千年纷争

到汉武帝即位初年，市场和民间流通的半两青铜钱实际已很不值钱了。这种混乱的状况，对于国家和百姓都非常不利。

为了整顿当时滥恶的货币，汉武帝没少在改铸钱币方面花时间、下功夫，各种币值差不多都尝试过。到了元狩五年（前118），武帝又命令地方郡国改铸五铢青铜钱。元鼎四年（前113），汉武帝宣布禁止郡国铸钱，又将全国各地铸造的混乱钱币运到京师销毁，把铸币大权彻底收归中央。他成立了专门的铸币机构，即由三个官员分别负责五铢青铜钱的铸造。其中，一个官员负责铸造，一个官员负责审查铜的质量成色，一个官员负责刻范。这次新铸的五铢青铜钱重量约合现在的3.5克，质量高、便于流通，成为当时唯一合法的货币。五铢青铜钱确实好用，因此，自汉武帝时代至隋朝灭亡的七八百年间（公元前2世纪末至公元7世纪初），五铢钱几乎成为各代王朝统一使用的标准货币。

五铢钱一统江湖，并不等于一劳永逸地解决了所有问题。到了西汉末年，一个叫王莽的理想主义者，最终取代了汉朝，建立起他自己的新朝政权。说他有理想，是因为王莽认识到当时社会各层面出现的新问题；说他是理想主义，是因为王莽的解决之道，乃是通过效仿千余年前的周公。于是，新朝便出现了一种造型非常奇特的钱币：上半部为一方孔圆钱，铸有"国宝金匮"四字；下半部为一正方体，铸出"直万"二字。该枚钱重约62铢，约合现在的41.7克，但它的面值却相当于一万枚五铢青铜钱。咱们来算算看，一万枚五铢钱，应该是五万铢钱的价值。那个时候的货币是按照重量计算，如此说来，就是要用62铢钱的成本，换取五万铢钱的社会财富。此种钱币就是国家博物馆内收藏的国宝金匮直万青铜钱，也算是王莽时期疯狂货币改革措施的历史见证吧。其实，王莽改革的初心并不算坏，但就是不懂经济规律，一切都按照千余年前的方法来办，结果每件事都显得"不合时宜"。

王莽的货币改革混乱荒唐，可谓中国古代货币改革史上的"绝唱"。各类货币比值不合理，导致货币严重贬值；币材太滥、品类太多，竟然一次将五种不同的币材、六种不同的货币、二十八个品类同时投入流通领域，而且还重

第十二章　一枚钱的千年纷争

新使用被历史淘汰的龟甲、贝等货币，不断造成货币使用方面的矛盾与混乱。王莽在十余年间进行了四次币制改革，其变动之频繁，给社会经济生活和货物的流通带来了很大困难。据国家博物馆的专家介绍，王莽时期的货币其实铜质绝好，铸造精致，文字书法也很工整，风格纤秀，有的还使用了错金工艺，在古代钱币的品相方面堪称精品。但即使如此，也无法挽救王莽货币改革的败局。

好了，还是继续聊五铢钱以后的事儿吧。待到唐武德四年（621），一种样式如旧、理念全新的钱币开始被铸造使用，这便是开元通宝青铜钱。从此之后，古代中国的钱币不再像以往那样以重量命名，而是改称"通宝""元宝"或"重宝"。当然，唐朝政府也发行过其他铸钱，如唐高宗时的"乾封泉宝"，唐肃宗时的"乾元重宝"等，但"开元通宝"是唐代使用时间最长、流通地域最广泛，也是最重要的货币。

你可千万不要误会，"开元通宝"并不是在唐玄宗的开元年间（712—741）出现的，而是在唐玄宗的高祖父（唐玄宗的祖父是唐高宗李治，李治的祖父是唐高祖李渊。所以，唐玄宗得管李渊叫高祖父。）李渊时期铸造的。从开元通宝青铜钱诞生，到唐玄宗的"开元盛世"，中间还有将近九十年呢。

青铜钱上"开元通宝"四字是欧阳询命名并书写的。欧阳询和虞世南、褚遂良、薛稷被誉为唐初四大书法家。据说，无论是"开元通宝"的质地，还是欧阳询的书写字体，都受到了当时东亚其他国家的追捧。在国家博物馆的收藏品中，就有日本在大化改新之后效仿"开元通宝"铸造的"和同开珎"银币。其中的"开"字与"开元通宝"上的字迹非常相似。

中原王朝的钱币，总算定型了。而在汉代以后，还有一些非常珍贵的货币通过丝绸之路的渠道进入中国。在国家博物馆就可以看到波斯银币、东罗马金币等。其中，波斯银币是萨珊王朝库思老二世时期（590—627，相当于中国隋文帝、隋炀帝、唐高祖和唐太宗在位的时候）制造，1955年从陕西唐长安城遗址出土的；东罗马金币则是东罗马查世丁二世时期（565—578，相当于南北朝后期）制造，1953年从陕西咸阳底张湾发掘出来的。

第十二章　一枚钱的千年纷争

关于古代波斯的故事，说起来就讲不完了。咱们还是讲点与中国有关的内容。随着丝绸之路的畅通，波斯与中国之间的往来便多了起来。根据资料记载，波斯曾二十九次派遣使者前来长安，还有大批波斯人长期居留在中国。其中，居留长安的波斯人，大多从事商业活动，长安西市中就有专供波斯商人居住的旅店。萨珊银币，是这一时期在东欧、中亚间以及我国西北地区广泛使用的一种国际货币。其中，在中国境内就发现了超过两千枚的波斯银币。在这些银币中，以库思老二世银币出土量最多，达六百余枚。这些银币主要出土于丝绸之路沿线各地，一直到唐长安城与东都洛阳附近。

与波斯萨珊银币一样，东罗马帝国（也就是拜占庭帝国）的金币及其仿制品，属于中国境内所发现的最重要一部分，也被国家博物馆收藏了。但这些东罗马金币的数量要相对少得多，只有四十余枚，出土地点主要集中在新疆、内蒙古、宁夏、陕西、河北、河南。这种金币正面是国王半身像；背面的女神手握地球，地球上有一个十字架。金币上铭文的内容为："我们的主上查世丁（也有翻译成

"查士丁尼")二世,永恒的皇帝。"

  这些货币的出土,说明自西汉以来,丝绸之路确实成为连接东西方世界的重要纽带。"我们的朋友遍天下",或许在国人的心中,已经念叨上千年了。

第十三章

秦汉时期

"分封制"与"郡县制"的纠结

历史名词

西汉建立

汉初"郡国并行"

铁器与牛耕的推广

汉武帝"推恩令"

文物名词

西汉中山王金缕玉柙

错金银鸟篆文青铜壶

徐州楚王墓兵马俑

临淄齐王墓青铜镈、青铜戈

彩绘雁鱼青铜灯

嵌贝鹿形青铜镇

"汉并天下"瓦当

西汉铁质五齿耙、铁铧、铁犁壁

杨家湾彩绘陶兵马俑

第十三章 "分封制"与"郡县制"的纠结

走进国家博物馆"古代中国陈列·秦汉时期"展厅，你能见到展柜里陈列着的一躯金缕玉枢。这躯玉枢的出土地点是河北定州，它的主人乃是中山国王。中山国？是不是战国时代的那个？此答案是错误的，西汉时代也有个中山国，它的主人姓刘。汉代的中山国与战国时期的中山国，都属于诸侯国。如此说来，西汉时期又恢复了一部分"分封制度"才对。

按照历史课本上的说法：西汉初，诸侯王势力强大。就在这一时期，积累起大量财富的诸侯王，一个个骄奢淫逸，享受着朝廷提供给他们的土地、人口等财富。面对这样的局面，汉初的几位皇帝还是有些忍耐力的。毕竟，这些分封出去的土地，此前是属于韩信、彭越、英布、卢绾等异姓王的。而今，刘姓亲族子弟几乎完全取代了异姓的诸侯，这也算是件比较欣慰的事。

然而，一场"七国之乱"，把表面上"其乐融融"的政坛捅了个大洞。"刘邦建立西汉后，分封了一些诸侯王。随着经济的发展，诸侯王的势力也膨胀起来。"从各地发掘出土的汉代文物来看，质量最高的，除了皇家御用之物外，便是各地诸侯们所用的器物了。

金缕玉柙，在历史课本上叫作"金缕玉衣"。其实，这是1968年满城汉墓发掘出土"玉柙"之后的习惯叫法。按理说，衣服是穿在身上的，而"柙"则是盒子，装东西用的。自1968年在国内的报刊上公开报道"河北满城汉墓出土中山靖王刘胜及其妻子窦绾的'金缕玉衣'"之时起，一直到2011年国家博物馆重新开放时，将展馆内的中山怀王刘修葬具更名为"金缕玉柙"为止，所有关于汉代玉柙的报道、展览等均称玉柙为"玉衣"。其实，当年参与发掘工作的学者和考古专家都知道，根据古代文献上的记载，刘胜夫妻裹尸的葬具就应被称作"玉柙"或"玉匣"，但当时没能把这个错误纠正过来，从而使"金缕玉衣"之名广为流传。

既然是葬具，而不是寿衣，这种葬仪的方式又是从何而来的呢？按照国家博物馆的专家的解释：玉柙是汉代皇帝、诸侯、列卿等死后所用的葬具。《后汉书·礼仪志》对玉柙的使用规定做了明确记录："帝后使用金缕玉柙，诸侯王、列侯始封、贵人、公主使用铜缕玉柙。"

第十三章 "分封制"与"郡县制"的纠结

考古发现,早在新石器时代,就有将玉璧覆盖在死人身上的习惯。到了春秋战国时期,在死者脸部盖缀玉面幕、身上覆玉饰成为习俗,《吕氏春秋·节葬篇》称其为"鳞施"。鳞施是放置于死者身上、犹如鱼鳞状的玉片饰,以覆于面部的居多。玉柙应该是从鳞施发展演变而来的。经过"文景之治"的西汉政权,国力强盛、经济发达、社会财富剧增,奢侈取代节俭,厚葬随之泛滥。由于当时迷信思想盛行,人们认为将金玉盖在人体九窍上,就能使尸骨不朽、尸骨主人得以升仙。上自皇帝诸侯,下到黎民百姓的汉人,普遍相信"有玉匣殓者率皆如生"(见《后汉书·刘盆子传》)。在目前出土的西汉玉柙中,最早有明确记载时间的,是汉武帝元鼎四年(前113)中山靖王刘胜及其妻窦绾的玉柙(如今被收藏在河北省博物院),最晚的则是东汉灵帝光和五年(182)河北望都2号墓玉柙。

玉柙的样式大同小异,但玉柙主人的身份等级不同,连缀玉片用的线也不同,如皇帝、皇后用金线,诸侯用银线等。出土的玉柙,如用金线者,被称为"金缕玉柙",用银线者为"银缕玉柙",用铜线的则叫"铜缕玉柙",用丝线者自然称为"丝缕玉柙"（国家博物馆曾举办过"广州市秦汉文物"的特展，其中便有南越王赵眜的丝缕玉柙）。尽管玉片连缀线的种类应视死者身份等级而定，但从考古发掘来看，西汉时期似乎没有严守规矩，如中山靖王刘胜及其妻窦绾、中山怀王刘修、南曲炀侯刘迁、东昌侯刘祖、江苏徐州楚王、河南永城梁王等人的玉柙均为金缕。到了东汉时，使用玉柙的等级制度才严格规范起来。

我们所要介绍的这位刘修，是中山靖王刘胜的第五代能世袭王位的子嗣，那么刘胜本人又是什么来头呢？

公元前154年，刘胜被他的父亲，也就是汉景帝刘启分封为中山靖王。等到刘胜的弟弟刘彻即位（也就是汉武帝），满朝文武秉承皇帝的旨意，开始对诸侯王们横挑鼻子竖挑眼。公元前138年，刘胜与代王刘登、长沙王刘发、济川王刘明等来到长安，觐见汉武帝。武帝摆下盛宴，以款待远道而来的兄弟们。但当刘胜听见奏乐时，突然哭了起来。汉武帝问他缘故，刘胜便借机向弟弟控诉诸侯王被中央指派的国相如何欺辱。一番话过后，汉武帝也觉得过意不去。于是，他要求自己下属官员们不得再欺凌

第十三章 "分封制"与"郡县制"的纠结

诸侯王。一时间,刘胜被诸侯兄弟们称为"汉之英藩"。也许是怕汉武帝多心,刘胜自此后将全部精力都放到了享乐上。大吃大喝成了刘胜的嗜好,从满城汉墓出土的大量精美的酒器便是明证。刘胜一辈子吃喝不愁,而且子孙众多。这样的结果,让汉武帝顺理成章地将中山国的土地越封越碎。

在国家博物馆内,有一件刘胜使用过的酒具——错金银鸟篆文青铜壶。看到它,你会不会想到刘胜正优哉游哉地享受着美酒呢。

刘胜的烦恼是孩子太多,而刘修的烦恼则是无子继承王位,最终导致中山国被除名(后来复国,也是由旁系亲属来继承王位)。从目前的发掘情况可知,拥有玉柙的中山国王总共有四位:刘胜及夫人窦绾(两件金缕玉柙)、刘修(一件金缕玉柙)、中山简王刘焉及夫人(两件鎏金铜缕玉柙)、中山穆王刘畅及夫人(一件银缕玉柙、一件铜缕石柙)。刘胜夫妇生活的时期,正赶上汉武帝施行"推恩令"的时候。到了刘修(前69—前54在位),则是西汉宣帝统治时期,"推恩令"有条不紊地深度推进。"推恩令"

是怎么回事？咱们看看历史课本里的说法：汉武帝采纳主父偃的"推恩"建议。这样，诸侯国越来越多，诸侯王的封地和势力越来越小。诸侯王从此一蹶不振，中央大大加强了对地方的控制。

读完了这段内容，或许你会领悟到：刘修以后的中山国王，既不敢又没钱去置办金缕玉柙作为葬具。

有位历史学者曾经说过，如果没有这些诸侯王及开国功臣们的随葬品，西汉时期的文物简直鲜有能"拿得出手"的。官方与民间之间的差距，在汉代还是挺大的。比如，前面我所提到的"广州地区秦汉文物展"，如果没有南越王墓中出土的一批珍贵文物支撑，西汉时期的广州地区便只剩下各种陶制品，而且制作水平也都有限。国家博物馆内的西汉时期文物珍品，许多都来自诸侯的墓葬。比如，出土于江苏徐州狮子山的楚王墓兵马俑，山东临淄齐王墓的青铜镈、青铜戈，出自山西朔州的彩绘雁鱼青铜灯，出自河南陕县的嵌贝鹿形青铜镇，以及前面提到过的出土于河北满城中山靖王刘胜墓内的错金银鸟篆文青铜壶等。

这倒也符合西汉时代的基本状况：社会百废待兴，朝

第十三章 "分封制"与"郡县制"的纠结

廷采取休养生息的政策，轻徭薄赋、劝课农桑，所以最高统治者务求节俭。国家博物馆内所展陈的"汉并天下"瓦当，朴实至极，同时也预示着大汉王朝一统天下局面的到来。据说，"汉并天下"的瓦当，是汉高祖刘邦初定天下之时所造。而汉代宫廷、官署等处所使用的建筑瓦当，大都刻有文字。这些文字，乃是独具汉代风格的"瓦当文"。

提及秦汉文物，不少人首先会想到"秦砖汉瓦"。这"秦砖"，既有修建大型宫室的用砖，又有人们想象中的长城用砖（秦代长城都是夯土筑就，很少使用烧制的砖块）；而"汉瓦"，亦是宫廷、官署等建筑所必需的部件。并不奢侈的汉帝国宫廷内，好在有这些"汉瓦"显示着大国威仪，也能够让我们解读汉代的历史信息。刘邦打败了项羽，统一了全国，于公元前202年建立汉朝，定都长安，史称西汉。刘邦就是汉高祖。

西汉建立之初，到处是残破荒凉的景象。正因如此，西汉王朝最初的七八十年，汉高祖、汉惠帝、汉文帝、汉景帝，皆以民生为本。汉高祖采取了休养生息的政策。汉高祖死后，继任的统治者继续实行休养生息政策。汉文帝和汉景帝注重农业生产，提倡以农为本。在国家博物馆的展厅内，陈列着西汉时期制造的铁质五齿耙、铁铧、铁犁壁。这些铁制农具的出土地点，从陕西咸阳一路至福建崇安。这说明什么？在西汉的时候，铁犁牛耕的生产方式，已经在全国范围内推广开来。

汉朝天子的随葬品总归是难得一见，无奈之下只能用一些功臣墓中的文物来代替。其中最具代表性的，便是国家博物馆内展出的杨家湾彩绘陶兵马俑。

杨家湾彩绘陶俑的年代比较早，大约是在汉文帝时期（前180—前157）。根据文物专家介绍，杨家湾大墓陪葬坑内的配置，基本体现了当时作战方阵的特点：步兵在前、战车居中、骑兵靠后。作战主力是步兵、车兵。大墓中的骑士俑大多不披铠甲，披铠甲的只占总数的8%左右。此时还没出现安装前后鞍桥的马鞍，也没有马镫，马背上放置类似于褥垫或坐垫的"荐"。这些现象，都说明当时的骑兵虽然已经是独立作战的兵种，但很多方面还不够完善，仍处在早期发展阶段。

根据出土文物和文献记载，发掘者推测杨家湾大墓的

第十三章 "分封制"与"郡县制"的纠结

主人有可能是西汉名将周勃。周勃和刘邦是同乡，且和刘邦一起打天下，成为西汉开国功臣之一。汉惠帝即位，周勃被任命为太尉（三公之一，仅次于丞相），总领全国的军队。当时吕后专权，大力提拔自己家亲戚，以致危及刘氏政权。吕后死后，周勃与陈平等合谋智夺吕禄军权，诛灭吕氏诸王，拥立文帝。周勃的官位也升到右丞相，他死于汉文帝十一年（前169）。杨家湾大墓位于汉高祖刘邦的长陵附近，算是长陵的一座重要陪葬墓。按照周勃生前的功劳，让他死后能陪葬长陵，也属顺理成章的。彩绘陶兵马俑军阵，反映了周勃生前所统率过的大汉军队的基本风貌。倘若周勃能得到诸侯王的地位，他的随葬品或许会更加风光。

第十四章

千年窑造中的三国英雄风云谱

魏晋南北朝时期

历史名词

张仲景与《伤寒杂病论》
东汉豪强地主
马钧与翻车
曹操父子的建安文学
魏蜀吴三国的社会经济

文物名词

翻车模型
曹植墓陶耳杯
蜀汉陶俑
羊形青瓷烛台
景县封氏墓群青瓷大莲花尊

第十四章　千年窑造中的三国英雄风云谱

怎样才算是"三国"？在三国英雄谱里，到底有没有曹操、袁绍、关羽、周瑜这样的英雄或者枭雄？如果他们都能算上，我们所认为的"三国历史"，其实是明代小说《三国演义》中划定的范围，即"后汉三国史"。具体时间，是从汉灵帝中平元年（184）爆发的黄巾起义开始，至西晋咸宁六年（280）司马炎派兵灭吴为止。这段时间，长达九十六年。其中，曹丕建立魏国，也就是三国时代真正开始的一年，是魏文帝黄初元年（220）。从这一年起，至吴国灭亡为止，总共经历了六十年。如此看来，包括官渡之战、三顾茅庐、赤壁之战等在内的"三国故事"中最精彩内容，都是集中于汉末的三十六年时间里。当然，这段时间内所发生的故事，也是"三国鼎立"局面形成的缘起。

既然如此，有些属于东汉晚期的文物，就可以被划入"三国故事"的范围了。比如，为后世重印无数遍的《伤寒杂病论》，就来自东汉末年的长沙太守、被誉为"医圣"的张仲景；再比如，经过"百炼"所制成的钢，也是出现在东汉末年。目前留存下来的一些汉阙、汉代画像砖、汉代镇墓石刻、汉代古碑、四川地区的说唱俑等，都是出自东汉末年。

真正进入三国时代，曹魏、蜀汉与东吴的故事一下子就少了许多。这一时期的文物虽然不少，但大多是窑造制品：陶器与瓷器等物件。

关于曹魏政权，咱们先聊聊摆放在国家博物馆展厅内的一件模型。模型本身算不得文物，但它却能体现曹魏时期的民众智慧，这就是马钧所设计的翻车。马钧曾担任过魏国的中层官员，他在洛阳拥有一片园子，可惜没有充足的水来浇灌。于是，聪明的马钧发明了翻车。让小孩子踩踏在装置上，以人力来转动翻车，从而取水灌溉。

除了这件模型，曹魏时期最为珍贵的文物，就要数一件陶耳杯了。耳杯，也被称为羽觞，是两汉三国时期最常见的酒具。杯的平面接近双手合掬所形成的椭圆形，而左右拇指刚好相当于杯耳。

此件陶耳杯分量不重，但价值极高。因为它的主人，乃是曹操的第四个儿子、大名鼎鼎的汉魏诗人曹植。还记得那首《七步诗》吧：煮豆燃豆萁，豆在釜中泣。本是同根生，相煎何太急？其实，这首诗还有另一个版本，是这

第十四章　千年窑造中的三国英雄风云谱

样写的：煮豆持作羹，漉菽以为汁。其在釜下燃，豆在釜中泣。本自同根生，相煎何太急？你更喜欢哪个版本呢？

根据史料记载，曹植并不受他哥哥，也就是曹魏开国皇帝魏文帝曹丕的待见。曹丕在位的那几年里（220—226），曹植几次被他哥哥逼着搬家，其所封之地又大多贫瘠。后来，曹丕死了，他的儿子曹叡继位，这便是魏明帝。在太皇太后的干预下，曹植总算被侄儿安置在膏腴之地东阿。但直到曹植死后，明帝赠给他的谥号"思"，依然带有"追悔思过"之意。侄儿对叔父的蔑视态度，依然如故。起初，曹植被葬在陈地思陵（今河南省淮阳县）。后来，他的儿子根据曹植遗愿，将灵柩迁葬于山东东阿鱼山。根据考古人员的发掘显示，在他的墓中，随葬品仅有陶耳杯等不多的一些陶器和几件玉器，令人好不伤感。

在刘备、刘禅父子的蜀汉政权统治期间，精美的蜀锦与造型生动的蜀汉陶俑都令人过目不忘。国家博物馆展厅里，出土于重庆忠县的蜀汉陶女俑、陶男俑、陶歌舞俑，将蜀地民众的形象刻画得惟妙惟肖。

与秦代相比较，汉代至三国时期的陶俑造像形象生动活泼，囊括了社会各阶层的人物。在西汉早期，陶俑的作用大都与秦代兵马俑类似，属于用军阵来送葬的模拟物，只是在规格上要比秦俑小得多。最为典型者，就是前面提到的杨家湾大墓兵马俑。汉初陶俑的造型普遍比较呆板，但有一些彩绘女侍俑，在烧成陶俑后又敷涂色彩，轮廓线条流畅优美，艺术造型比军阵陶俑强了不少，且富有生活情趣。待到东汉时期，这种类似于家中仆人的舞乐俑才逐渐成为陶俑的主体，而兵马军阵俑已不再出现。

如果不算两汉时期的木俑、石俑、青铜俑与铜俑，出土数量最多的，是以河南、河北、四川地区的墓葬文物为代表的陶俑。其中，最受人称赞的陶俑，便是收藏于国家博物馆的击鼓说唱俑。这件说唱俑出自东汉后期，俑人面部充满笑意，表现出某种进入角色的得意神情。一手挟鼓，另一只手持桴，配合着说唱节奏下棰击打，真实地刻画了说唱者充满激情的神态。或许，他不仅仅是在说书，他还在唱讲，那极富戏剧性的神情，堪称写实主义杰作。如此生活化的蜀地陶俑，在故宫博物院的雕塑馆中也有展出。

第十四章　千年窑造中的三国英雄风云谱

到了东吴,你会见到十分精美的青瓷制品。这在国家博物馆内,就有很好的展示。当东吴青瓷狮形烛台、青瓷虎子、青瓷筒、青瓷熊灯,尤其是羊形青瓷烛台出现在眼前的时候,你的内心会不会泛起一丝涟漪呢?

咱们就来讲讲这羊形青瓷烛台吧。你看,这只羊呈现出卧伏的姿势,身躯肥硕健壮,昂头张口。这样的器物基本上都是作为随葬明器的,其头部有孔,可以插蜡烛。因此,很多学者认为它是照明的烛台。

其实,早在东汉时期,以浙江为代表的南方地区,就烧制出比较成熟的青瓷了。青瓷的造型多样、装饰精美、釉色光润、玻璃质强。长江下游的江苏、浙江地区属于吴国统治范围,吴国的都城又是在现在的南京。这件南京出土的羊形青瓷烛台体量较大,造型生动,称得上是三国两晋时期青瓷中的罕见精品。

在国家博物馆"古代中国陈列·魏晋南北朝时期"展厅内,还有一件登峰造极的青瓷制品。这件器物,便是来自河北景县封氏墓群的青瓷大莲花尊。于北方大地出现如此大型的青瓷器物,你可千万不要吃惊。只有南北方经贸往来达到一定水平,才会出现这样的奇迹。其实,南北方之间的密切交流,早在三国归晋的时候就大量存在了。

第十五章

孝文帝的变法大业

魏晋南北朝时期

历史名词

鲜卑族拓跋部创立北魏

冯太后改革

北魏孝文帝改革

文物名词

永固陵石券门

元邵和元羽墓葬文物

第十五章　孝文帝的变法大业

说起北魏，在不少知道这段历史的朋友眼里，除了"北魏孝文帝改革"，可能一时也想不到这个由鲜卑民族建立的政权还有哪些值得特别介绍的。历史课本中也确实把北魏孝文帝改革当作讲述的重点：鲜卑族拓跋部建立北魏。439年，北魏统一北方，结束了十六国以来分裂割据的局面。

北魏孝文帝即位之初，冯太后进行一系列改革，孝文帝受她的影响很大。冯太后去世后，他继续推行改革。北魏改革不是从孝文帝时才开始推行，而是自他的祖母冯太后开始，这项改革就已经在进行了。冯太后是怎样的一个人？按照如今的史学界观点，她是中国古代著名的女性政治家。冯太后出生于长乐信都（也就是而今的河北衡水冀州区），来自北燕皇室，嫁给了北魏文成帝拓跋濬（452—465年在位）。拓跋濬只活到26岁，那年的冯氏也只有25岁。在非亲生的儿子献文帝拓跋弘（465—471在位）和孙子孝文帝元宏（也就是拓跋宏，471—499在位）执政之初，冯氏先后以皇太后和太皇太后的身份两度临朝听政，掌朝时间达二十五年之久。在冯氏的抚养下，拓跋宏长大成人，因此冯氏对孝文帝有着深刻的影响。

冯太后身为汉族人，深受汉文化传统的熏陶，在北魏太和元年（477）至太和十四年（490）间，她开始推行变法改革，实施三长制，颁布均田制和新的租调制，为此后北魏孝文帝推行进一步的汉化改革奠定了基础。

在国家博物馆的展厅内，安放着从冯太后的永固陵前拆卸下来的石券门。从这座石券门的设计风格，我们便不难看出汉族文化与鲜卑文化是怎样被融为一体的。在接受汉族文化的同时，由于冯太后本人笃信佛教，她陵墓内的装饰也充分反映了北魏时期佛教对当时社会生活，尤其是帝王生活的影响。

这座曾位于永固陵墓内的石券门由拱形门楣、门柱、门槛、虎头门墩、石门五个部分组成。石质的拱形门楣两侧各有一位手捧莲蕾的赤足童子，面相圆润，体态健美；两侧的门柱上雕刻着口衔宝珠的长尾孔雀。捧莲童子是从佛教艺术中吸收的题材，反映了墓主人对佛教的信仰。根据文献记载与专家考证，永固陵修筑的年代，正好与大同云冈石窟的第二期工程开凿时间相当。或许，你能从永固

第十五章 孝文帝的变法大业

陵石券门的石刻中，寻找到与云冈石窟相似的图景。

作为北魏太皇太后冯氏之墓的永固陵，始建于北魏太和三年（479），完成于太和十五年（491），建造工期历时十三年之久。据说，在工程结束后，拓跋宏能够在首都平城的宫城内远望永固陵，而方山之上的永固陵则可俯视不远处的平城。从陵园的这种位置规划，不难看出冯太皇太后对孝文帝的影响，以及她在当时政治生活中的显赫地位。

北魏孝文帝即位后，于494年迁都洛阳。他规定官员在朝廷中必须使用汉语，禁用鲜卑语；以汉服代替鲜卑服；改鲜卑姓为汉姓；鼓励鲜卑贵族与汉人贵族联姻等。有关孝文帝拓跋宏（更名后便是元宏）本人的文物，于国家博物馆中并没有陈列。倒是元宏的兄弟、作为北魏重要权贵的元邵和元羽，为国家博物馆带来了十分重要的文物。这些文物实实在在地告诉我们，北魏孝文帝改革究竟取得了怎样的成果。

在孝文帝的同族兄弟、北魏常山王元邵的墓中，出土了一件造型逼真的侍从陶俑。这件陶俑上身穿着束腰、宽袖，长至膝盖的长袍，下身则是大口的裤子，这便是北朝时期（北魏、东魏、西魏、北齐、北周时期）流行的裤褶装。裤褶装是在北方少数民族服饰的影响下产生的新服装样式。这种服饰的风格，体现了秦汉以来流行的"上衣下裳"正逐渐向"上衣下裤"转变。

据史学家的研究，在汉代以前，中原地区的男子服饰以袍服为主。贵族男子是不能穿着短衣和裤子外出的。而且，裤子也并非人们生活中的必备衣物，可穿可不穿。今天看来，这种打扮真是有点另类了。对于生活在北方的游牧民族而言，因为生活在干燥多风的气候环境中，还要经常骑马，所以他们很早就形成了"上衣下裤"的穿着方式。上衣下裤的形式方便他们自由地骑马，短衣窄袖的服装形式更便于狩猎。在汉代，这种上衣下裤的服装形式逐渐被中原地区劳动人民与士兵接受，从而形成了前面提到的裤褶装。

到了南北朝时期，随着北魏孝文帝改革的不断深入，民族融合的速度也在加快，自然会体现在服装服饰方面。这种融合了少数民族与汉族特色的裤褶装，在河北景县封

第十五章　孝文帝的变法大业

氏墓、河南洛阳元邵墓、河北磁县东魏茹茹公主墓、河北磁县湾漳北朝墓中相继出现，看来并不是偶然的。

其实这位常山王元邵的名字也是北魏孝文帝改革的成果。此前，元邵名叫拓跋邵。他本人的出生年月不详，但至少不会早于孝文帝拓跋宏（根据专家推测，他还可能是孝文帝的孙辈）。关于元邵的蛛丝马迹，根据相关史料记载，很可能是个大悲剧。北魏武泰元年（528）四月，元邵暴薨于河阴之野，时年二十三岁。据说，这是北魏权臣尔朱荣在黄河边屠杀灵太后及贵族、官员两千多人的结果。元邵是被杀者之一，当时是常山王。

与元邵相比，元羽和北魏帝王的亲戚关系，似乎要更近一些。元羽的父亲是北魏献文帝拓跋弘，他的哥哥则是北魏孝文帝本人（也叫拓跋宏，与其父音同字不同）。可惜由于被盗等，元羽墓葬中的文物并没有元邵墓那般丰富。但值得庆幸的是元羽的墓志铭被保留下来，让我们能从中见到这位皇弟的人生际遇。

元羽的墓志铭，总共有十三行177个字。首题"侍中、司徒公、广陵王墓志铭"，随后记述了元羽的生平事迹。

元羽是孝文帝的弟弟，生前曾支持哥哥的改革事业。孝文帝改革的措施之一，便是改变鲜卑民族的姓氏和籍贯。而在元羽墓志铭上所能展示的，就是北魏皇族姓氏由鲜卑族的"拓跋"改为汉族的"元"姓，籍贯也由山西"平城"（今山西大同）改为中原的"河南"郡（以洛阳为中心）。元羽虽然支持改革，而且官职也做到了司空，但他个性比较不羁，做事情很不沉稳。在北魏景明二年（501），元羽意外去世，年仅三十二岁。

　　北魏孝文帝的改革，到底是喜剧，还是悲剧？依我看，悲喜交加。

第十六章

中国第一石拱桥

隋唐时期

历史名词

隋文帝
隋炀帝
隋唐京杭大运河
隋代赵州桥

文物名词

洛阳含嘉仓存谷与铭砖
赵州桥石栏板
隋代李静训墓高足金杯
镶金边白玉杯
白瓷龙柄传瓶
绿玻璃瓶
嵌珍珠宝石金项链

第十六章　中国第一石拱桥

某位著名历史学家曾说过,没有秦朝,哪儿来的汉朝?同样地,没有隋代,又哪儿来的唐代?尽管隋代(581—618,共37年)与秦朝(前221—前207年,共15年)一样,都属于短命王朝,但它们在中国历史上的地位和作用,却是无法低估的。

提到隋代,在绝大多数人的印象里,首先就是京杭大运河。于国家博物馆中所展出的大运河文物,是以洛阳含嘉仓的160窖的存谷,与19窖的铭砖作为代表的。根据史料记载,隋文帝时期积累下来的仓窖粮食,在和平时代里,能够供应全国五六十年的用度。在隋炀帝杨广下令修筑大运河的过程中,又在洛阳城内建造了含嘉仓等。仓内所储存的粮食,一直吃到了唐太宗贞观十一年(637)还没吃完。有人感叹道:大唐王朝的"贞观之治",功劳不光属于唐太宗,而且也该分出一些给隋炀帝。

接下来,便是位于河北赵县的安济桥,也就是我们所熟知的赵州桥。赵州桥的价值不必多言,用著名建筑学家梁思成的话说,这是"世界上现存最早的敞肩石拱桥"。当然,使这座石桥能够在中国家喻户晓的,是现代著名桥梁专家茅以升。20世纪60年代，茅以升写过一篇《中国石拱桥》，后来被选入中学的语文课本，且被长期沿用。当然，对于生活在河北中南部地区的孩子们来说，比《中国石拱桥》更加令人记忆深刻的，是一首叫作《小放牛》的民歌："赵州桥来什么人修，玉石栏杆什么人留；什么人骑驴桥上走，什么人推车压了一趟沟。赵州桥来鲁班修，玉石栏杆圣人留；张果老骑驴桥上走，柴王爷推车压了一趟沟。"当然，民歌就是民歌，我们不可能把它当作真事儿。说"鲁班爷修赵州桥"，是因为赵州桥的设计实在巧妙。而赵州桥的真正设计者，又是谁呢？

能够找寻到赵州桥的设计者，还得感谢一个叫张嘉贞的人。张嘉贞是唐玄宗开元年间的宰相，开元十一年（723），得罪了皇帝的张嘉贞被贬到幽州做刺史。他应该是在担任幽州刺史的这段时间里，看到了已落成百年的安济桥。于一番感叹之后，张嘉贞写出一篇《石桥铭并序》的文章。在文章中，除了对这座拱桥在工程技术方面的成就大加赞叹外，张嘉贞还对桥柱、栏板上的雕刻倍加赞赏。尤其难得的是，序中记述："赵郡洨河石桥，隋匠李春之迹也。"可以说，如果没有张嘉贞，后人就无法知道赵州桥的设计者是匠人李春了。

如今的赵州桥仍在，并且是1961年公布的第一批全国重点文物保护单位。只可惜，这座石桥两侧的栏板，都是清代以后所造，甚至是全新的。历代留下的栏板，大都存放在古桥近旁的赵州桥历史博物馆内，或干脆被掩埋在河底下了。至于国家博物馆中所展陈的，那可是极其珍贵的隋代栏板。这块原用于桥面一侧的石栏板，不知何年何月，因大桥年久失修坠落河中，直至1953年修复赵州桥时才从桥下的淤泥中被发掘上来。根据国家博物馆的专家介绍：栏板两面雕龙。正面的双龙周身生鳞甲，身体相向钻穿栏板，前爪互推，头相背，角后扬。背面两龙无鳞甲，四爪撑地，身体相互绞缠。早在唐代，就有人形容这座拱桥的结构之美"望之如初日出云，长虹饮涧"，从这块栏板上飞扬遒劲的雕龙，我们可以想见当年赵州桥上的石刻之美。

国家博物馆中的"隋代历史"，或许跟一个九岁的小女孩缘分最深。这个小女孩的墓葬中出土了高足金杯、嵌珍珠宝石金项链与镶金边白玉杯等一大批令人震撼的精美文物。这个女孩的名字，叫作李静训。

李静训是什么人？为何小小年纪就拥有如此众多的随葬品？原来，李静训的家族显赫异常。李静训的外祖母，是隋朝开国皇帝杨坚的长女杨丽华，也就是隋炀帝杨广的大姐；而她的外祖父，则是北周宣帝宇文赟。因此，无论在北周还是隋朝，她都是地位极高的皇亲国戚。李静训父亲的家族，自然也非比寻常。她的曾祖父李贤曾历仕北魏、西魏和北周，官至北周使持节柱国大将军、大都督，是西魏和北周间的显贵人物（位于宁夏固原的李贤墓，曾经出土了一批稀世珍宝）；祖父李崇，年轻时追随周武帝平齐，以后又与隋文帝一起打天下，官至上柱国。开皇三年（583），李崇在抗击突厥侵扰的战争中殉国时才四十八岁。隋文帝因念及李崇为国捐躯，所以对其子李敏倍加恩宠，自幼养于宫中。开皇初，隋文帝为外孙女，也就是原周宣帝宇文赟、皇后杨丽华的独女宇文娥英亲自选婿，数百人中就选中了李敏。李敏被封为柱国，后官至光禄大夫等职。李敏就是李静训的父亲。据墓志记载，李静训自幼

第十六章　中国第一石拱桥

深受外祖母的宠爱，一直被养在深宫中，接受教诲。不幸的是，大业四年（608）夭折。这令隋文帝杨坚、独孤皇后与杨丽华都十分悲痛，特地把她安葬在一座离皇宫不远的皇家尼姑庵万善尼寺内，以寄托思念之情。在她的墓上还构造重阁，每天为她超度，以祈求她能永生。墓室内安置着当时只有一品以上的皇室成员和有特殊贡献的大臣才能享有的石椁，并随葬了许多珍贵的金银珠宝。

作为李静训墓随葬品的镶金边白玉杯，是用上等的新疆和田（当时属于西域的于阗）白玉雕琢而成，体现了精湛的玉器制作技术，成为隋代玉器的一件代表作品。

在李静训墓内，最令人过目不忘的，就是白瓷龙柄传瓶了。你看，在两个相连瓶身的肩部，左右两侧各塑一条修长的龙形柄，龙头探入瓶口内，似在贪婪地吸吮瓶中的玉液琼浆。双龙柄为手工捏塑而成，手法简洁，形象生动逼真。这件器物的出现，充分说明中国古代的白瓷工艺已走向成熟。中国最早的白瓷制品，出现在南北朝时期的北齐（550—577），那时候的白瓷，多少还保留着青瓷的痕迹。进入隋唐以后，白瓷的烧制技术进一步提高，胎与釉中的铁含量进一步降低，瓷器的色泽也越发洁白。咱们见到的瓷器，外层都是要上釉的。而釉的颜色深浅，则取决于含铁量的高低。一般说来，釉中含铁愈多，釉色愈深；含铁愈少，釉的颜色就愈浅。当釉中铁的含量少到一定标准时，釉的颜色就会呈白色。

陪伴在李静训身边的，有一件绿色玻璃瓶。别说玻璃的器物不值钱，那是因为今天我们使用的玻璃制品太多了。在古代，每件玻璃制品，都是难得一见的稀罕物。李静训墓中出土的这件玻璃瓶器壁极薄，晶莹玉润，是用当时比较先进的吹制法制作而成。最为关键的是，这件器物是由古代中国工匠制作的。要知道，至少在隋唐时期以前，精美的玻璃器物大都是来自西方的。李静训小朋友开始使用国货了，而且还如此精美，你说是不是该为隋唐工匠点个赞呢。

如果你对那些珠光宝气的金银饰品感兴趣，在李静训墓出土的文物中，有一条嵌珍珠宝石金项链。这条项链两边由28个金质球形链珠组成，每个球形链珠均由12个小金环焊接而成，其上再各嵌10颗珍珠，珠光闪闪。项链上

第十六章　中国第一石拱桥

端正中为圆形，内嵌一颗深蓝色垂珠，垂珠上阴刻一只花角鹿。项链的下端居中的位置是一圆形金饰，上面镶嵌一块晶莹纯净的鸡血石，在鸡血石四周嵌有24颗珍珠。再外侧各有一圆形金饰，上镶嵌蓝色珠饰，周缘亦各镶嵌珍珠一周。下端挂一心形金饰，上面镶嵌一块长达3.1厘米的青金石。

这件金项链充满浓郁的域外风格，根据文物专家的推测，应是从中亚或西亚传入的。此外，李静训墓出土的金银高足杯，属于东罗马拜占庭帝国的造型，金手镯或许为中亚产品。李氏家族获得的这些西方输入之物，可能是直接获取的，也可能来自皇帝的赏赐。无论如何，都是非常人可取用之物。

第十七章

见证大唐兴衰的宫殿

隋唐时期

历史名词

李渊建唐
唐都长安城（大明宫、兴庆宫）
唐太宗「玄武门之变」与「贞观之治」
唐玄宗「开元」「天宝」统治

文物名词

开元通宝
大明宫莲花纹方砖与莲花纹瓦当
昭陵石雕骏马
含光殿「毬场」石志
郑仁泰墓葬文物
杨思勖墓葬文物
鲜于廉墓葬文物
阎立本《步辇图》
吴道子《西旅贡獒图轴》
韩滉《五牛图》

第十七章　见证大唐兴衰的宫殿

当大隋帝国走向末路之后，与之有着密切关系的大唐王朝开创者们，渐渐地走到了历史舞台中央。618年，隋炀帝在江都被部将杀死，隋朝灭亡。同年，在太原起兵反隋的关陇贵族李渊进入长安，建立唐朝。他就是唐高祖。国家博物馆"古代中国陈列·隋唐时期"的展品中，关于李渊时期的文物，或许只有开元通宝钱币。而且，"开元通宝"的展柜，还是被"贞观之治"时期的丰富展品所包围的。看展时一不留神，你就会跳跃到唐太宗时代的盛世风华。

贞观之治时期（627—649），最能够让人感受到唐太宗生活气息的，当数大明宫的部分文物。这是两块有着莲花蔓枝纹的铺地方砖，它们来自唐太宗修建的大明宫之中。

要说起来，这大明宫并不在长安城最初的规划区域内，它位于现今西安城北的龙首原上，也就是唐朝的皇家禁苑中。大明宫于贞观八年（634）开始兴建，初名永安宫。这座宫殿建筑群原本是唐太宗为郁郁寡欢的太上皇李渊修建的避暑地。结果，李渊还没等住上，便于贞观九年

（635）去世了。永安宫随之被改名为大明宫。此后，大明宫一直在修建中。直到唐高宗李治对它再行扩建，并以此来取代太极宫，作为新的唐代政治生活中心，已经是龙朔三年（663）的事儿了。这个时候，唐太宗已经去世十四年。

唐太宗的时代，壮美如诗。陈列在国家博物馆内的"贞观"文物，是由唐昭陵的六幅石雕骏马（当然是复制品）及一系列随葬品组成的。其中，郑仁泰墓出土的陶俑，就非常值得一说。

咱们先来聊聊这位郑仁泰。郑仁泰的本名叫郑广，字仁泰。尽管他的名气远不如秦琼、尉迟敬德、程咬金等人那么大，但郑仁泰也绝不是等闲之辈。早在李渊父子起兵反隋时，郑仁泰便是李世民的亲兵，而且随主人一道参加过平定刘武周、宋金刚、王世充、窦建德的战争。武德九年（626）"玄武门之变"时，郑仁泰受秦王李世民指派，除掉李建成、李元吉，并控制了大唐的皇宫。因其地位不算太高，郑仁泰于贞观年间的史籍中少有出现。直到贞观二十一年（647），他已是右屯卫大将军，成了守卫在

第十七章　见证大唐兴衰的宫殿

晚年唐太宗身边的得力干将。郑仁泰死于唐高宗龙朔三年（663）。此时，曾与唐太宗一道作战的老一辈将领基本无存，而作为有着"拥立之功"的"一等功臣"、难得的"贞观元老"，郑仁泰受到极高的礼遇，获得陪葬唐太宗昭陵的殊荣。

在郑仁泰的坟墓中，出土了大量的精美文物。从内容到数量，都大大超越了有关规制。随葬彩绘陶俑共有466件，其中包括武士俑、仪仗俑、男立俑、女立俑、男骑猎俑、女骑俑、镇墓兽等。这些陶俑人物形象生动逼真，颜色十分鲜艳，少数俑身还有贴金。国家博物馆内收藏的彩绘武服俑便是其中的两件。根据馆内专家的介绍，郑仁泰墓内还出土了石椁。这在明文规定"禁止使用石质棺椁或石室"的唐朝，简直是超乎寻常的恩宠了。当然，这样的恩宠，在一些唐代皇室贵胄的墓葬中，如懿德太子、永泰公主、章怀太子、韦洞、韦泂等人的墓中，也有所体现。这些墓主人的等级地位非常高，他们能使用石棺椁，同样是皇帝"特事特办"的一种恩典。

唐太宗死了，大明宫还没修建完。待它全部完成的时候，正赶上唐高宗李治与武则天的时代。那时候的大明宫，是一组极为庞大的宫殿建筑群。其正殿，是巍峨壮丽、高出平地面超过15米的含光殿。据说，在举行大朝会的时候，禁军羽杖宿卫殿庭，文武百官和番夷酋长序立阶下，仰观着高高在上的皇帝（甚至是看不清楚），"若在霄汉"就像见到天上的神仙。大明宫的麟德殿，是宴会和接见外国使节的地方，能同时容纳三千多人宴饮，可见规模之巨。有关大明宫的文物，也收藏在国家博物馆的展厅之中，这便是含光殿的"毬场"石志。

如果说，隋文帝所建造的太极宫反映的是"开皇之世"、唐太宗开创的大明宫代表的是"贞观之治"，那么唐玄宗所筹建的兴庆宫体现的就是"开元盛世"了。太极宫、大明宫与兴庆宫，被并称为唐长安城的"三内"。

有了太极宫和大明宫，为何还要再建兴庆宫？这个问题的答案，还得从唐玄宗李隆基登基前的住所说起。在称帝以前，李隆基一直居住在长安城兴庆坊的一处王府中。他当上皇帝之后，于开元二年（714）扩建自己的府邸，最终成为起居听政的兴庆宫。正是这座兴庆宫，见证了大

第十七章　见证大唐兴衰的宫殿

唐帝国在开元和天宝年间的盛世辉煌；同样，它也见证了唐玄宗是如何带领大唐帝国陷入"安史之乱"的。后来，生活在北宋年间的政治家、书法家吕大防曾作图刻石，为后世留下了一幅《兴庆宫图》，让今天的我们能够见识到这座皇宫的布局与规模。

关于这呈现盛世局面的大唐王朝，你还能够在故宫博物院的书画馆内感受到它的气息。阎立本的《步辇图》、吴道子的《西旅贡獒图轴》、韩滉的《五牛图》等，都是我们有所耳闻的记录了唐朝重要历史事件的作品。

有关唐玄宗时代的人物，你会首先想到谁？杨玉环？高力士？还是李白？好吧，在国家博物馆的展厅内，这三位我们熟悉的人物，都没留下相关遗存。倒是一个名叫杨思勖的宦官，和一个名叫鲜于廉的少数民族官宦，给我们留下了一大堆宝贝。鲜于廉墓内出土的三彩釉陶骆驼载乐俑，实在是不可多得的唐三彩珍品。还有三彩釉陶胡人骑卧驼俑、三彩釉陶胡人牵马俑、绿釉陶男俑、三彩釉陶侍女俑、三彩釉陶镇墓兽等。在鲜于廉墓里竟然是满满的西域风情。

杨思勖是唐玄宗宠信的大宦官，只是没有高力士的名气大。实际上，在《旧唐书》《新唐书》的《宦官列传》中，杨思勖都被排在头位，怎么看起来是个掌握兵权、能够杀伐决断的猛将。

杨思勖能够得到唐玄宗的宠信并非偶然。早在李隆基做临淄王的时候，杨思勖便追随他参与了诛灭唐中宗皇后韦氏的宫廷政变。韦皇后想效仿武则天那样当女皇，但又没有武则天那样的才干。她利用中宗皇帝的昏庸软弱，专权弄政、排斥异己。景龙四年（710），韦后和女儿合谋企图篡位。李隆基奋起反击，一举诛灭了韦后集团。为李隆基鞍前马后效力的杨思勖，当然功不可没。此后，杨思勖的政治生涯比较顺利。他一直活到开元二十八年（740）才去世。在这期间，他不断奉命统兵东伐西讨、南征北战，以军功大获赏识。不过，杨思勖的历史形象并不一定比高力士更好。他在打仗方面确实很有一套，但却残暴。根据史料记载，每逢打仗，杨思勖总是通过纵情杀戮来夸耀武功，他对待俘虏也十分残忍，这样的做派令他手下的将士大都十分畏惧。国家博物馆内展出的描金石刻武士俑，身

第十七章 见证大唐兴衰的官殿

上装备齐全,手中还另有战具,这或许是为自己的主人所准备的。

第十八章

玄奘的遗物

隋唐时期

历史名词

唐玄奘西行
唐代丝绸之路

文物名词

玄奘题名石佛座
榆林窟牙雕佛传造像
敦煌莫高窟彩塑供养菩萨
焉耆七个星彩塑菩萨头像、佛头像、佛立像
塔里木盆地彩塑佛立像
高昌古国出土文物

第十八章 玄奘的遗物

你熟悉《西游记》的故事吧？唐僧带着徒弟三个，不远万里赴西天求取真经。你也许会说，这个故事不能当真，它属于神话范畴，是文学创作。

根据史料记载，唐僧确有其人，他便是鼎鼎大名的玄奘和尚。至于孙悟空，也是有原型的，他的形象据说有多个版本。比如，鲁迅先生认为是中国古籍《山海经》中的一个名叫作"无支祁"的怪物；胡适先生认为是古印度的神猴哈奴曼；另有学者认为是来自甘肃瓜州锁阳城附近的"胡僧"石磐陀；还有一种说法，认为悟空是个法号就叫"悟空"，还颇有些名气的唐朝和尚。这个悟空本名姓车，他的祖先，来自北魏拓跋氏家族。在天宝十年（751）至贞元六年（790）间，这个悟空和尚赴印度、西域游历了将近四十年。厉害吧，比唐玄奘"留学"的时间还长呢。只可惜，悟空和尚与唐玄奘根本碰不上面。悟空和尚出生于开元十九年（731），唐玄奘则去世于麟德元年（664）。如此看来，唐玄奘去世六十五年之后，悟空和尚才出生。如此看来，《西游记》的作者吴承恩顶多是借用了"悟空"这个法号而已。

猪八戒同样有个原型。这个原型，名叫朱士行。朱士行出生于东汉建安八年（203）。到了曹魏嘉平二年（250），印度和尚昙柯迦罗到洛阳翻译佛经，顺带在洛阳的白马寺（中国第一座佛教寺庙）设戒坛。朱士行首先登坛受戒，成为中国历史上第一个做了正规和尚的汉人。当时所受的戒，是八种禁忌：一戒杀生（杀人或动物）；二戒偷盗；三戒淫；四戒妄语（胡言乱语）；五戒饮酒；六戒着香华（不戴花环，不涂香）；七戒坐卧高广大床（修行的人不能贪图安逸）；八戒非时食（由于早期佛教徒靠别人施舍生活，所以不能吃太多，被要求"过午不食"）。这就是"八戒"，所以第一个受八戒的朱士行，也被称为"朱八戒"。到了曹魏景元元年（260），朱士行从雍州（今西安市长安区）出发，越过流沙（甘肃西部至新疆东部）到于阗国（今新疆和田一带），得到《大品经》。朱士行在于阗一直待到了去世。他死的那年，是西晋太康二年（281）。此时，距离唐玄奘出生的隋文帝仁寿二年（602），尚有三百余年的时间。

至于沙和尚的原型是谁，目前还毫无线索。咱们来排

第十八章　玄奘的遗物

列一下这三位原型人物的生活年代吧：最年长的是"朱八戒"，他比唐玄奘大399岁；最年轻的是悟空和尚，他比唐玄奘小129岁。"朱八戒"与悟空和尚之间相差528岁。哈哈，让他们一起去取经，这怎么可能呢？

国家博物馆中展示的文物，目前还见不到有关朱士行与悟空和尚的。至于唐玄奘的相关文物，无论是直接的，还是间接的，在国家博物馆内倒是都收藏着。咱们先来看看直接与玄奘有关的物件。

这是一尊石质的佛座，由方形底座和莲花座两部分组成，看上去朴实无华。莲花座的中间凿有安置佛像的长方形凹槽，但上面的佛像早已不知去向。按说这样的佛座有的是，似乎不值得被国家博物馆收藏，但这佛座侧面镌刻的二十个字，却透露了它不平凡的身世："大唐龙朔二年（662）三藏法师玄奘敬造释迦佛像供养"，这件不起眼的佛座，居然与玄奘和尚有关。

发现这尊石佛座的地方，名叫玉华寺。这座寺庙原本叫仁智宫，是唐朝皇帝的一处行宫，始建于唐高祖武德年间（618—626），在唐太宗贞观年间（627—649）扩建时更名为玉华宫，又在唐高宗时改为玉华寺。据说，唐玄奘第一次来到玉华宫正是唐太宗去世的前一年，也就是贞观二十二年（648）。这年六月，唐太宗离开长安，来到玉华宫，诏令玄奘前来。此次见面，唐太宗想请玄奘还俗来辅佐自己，但玄奘谢绝了唐太宗的要求。

唐太宗去世后，继位的唐高宗李治很尊重玄奘。到了显庆四年（659），玄奘已然成为当时唐朝的百姓、官员，乃至外国来唐人士心目中非常耀眼的明星。而此时玄奘的身体状态大不如前，逐渐应付不了越来越多的社会活动。他跟高宗提出去嵩山少林寺修行，但高宗不允许玄奘远遁。玄奘便提出要去玉华寺。这一次，唐高宗允许了。此后直到麟德元年（664）二月玄奘圆寂（佛教用语，就是去世），再也没有离开过玉华寺。

玄奘圆寂以前，仅仅得了一场小病，足部摔破了皮。唐高宗在第一时间知晓玄奘得病的消息，立刻派御医带着药物赶往玉华寺。等御医带着皇上亲赐的药赶到时，玄奘已经停止了呼吸。玄奘圆寂的消息传到长安，举国悲悼，唐高宗哀叹："朕失国宝矣！"

第十八章　玄奘的遗物

　　玄奘一生不蓄资产，所得施赠全部用来造塔及写经造像，或者布施贫穷以及外国僧侣，随得随散、广修功德。玄奘住进玉华寺后，这里的造像活动也随之进入高峰。1977年，考古工作者对玉华寺遗址进行了调查，发现这里有多处佛教遗迹。国家博物馆内的这尊佛座及上面释迦佛像的施主，就应该是玄奘本人。不过造此像时，已是龙朔二年（662），也就是玄奘逝世的前两年。当时他已经身力衰竭，所以在玉华寺带病拼全力翻译《大般若经》。根据文物专家的推测，玉华寺的僧众与译经僧人们为了祈祷玄奘法师康健，并顺利完成《大般若经》的翻译，代他修造了这尊造像。这部《大般若经》全称《大般若波罗蜜多经》，其复制品也放置在国家博物馆的展厅内，并且就挨着石佛座，由此可见国博工作人员的良苦用心。

　　国家博物馆中还收藏了一些与玄奘间接相关的文物，取自玄奘赴西天取经的路上。咱们先大致了解一下，玄奘都到过哪里。贞观三年（629），玄奘从长安出发，经过秦州（今天水）、兰州，抵达凉州（今武威）。由于当时唐政府严禁百姓私自出关，玄奘在凉州停留了多日。随后，由当地人帮助，玄奘混在一支商队中到达瓜州（今敦煌）。过瓜州后经疏勒河到达玉门关，出关后穿过五座烽火台进入莫贺延碛，古称流沙河但这并不是河流，而是广袤无垠的大沙漠。玄奘从敦煌一路行至新疆哈密以西，将近四百公里，在侥幸穿过莫贺延碛后，来到伊吾国（今新疆哈密附近，位于莫贺延碛西端）。此后，玄奘又途经高昌国（今新疆吐鲁番南，而今留下了著名的高昌遗址）、焉耆、龟兹（今新疆库车一带）等西域诸国。在翻越凌山（今天山山脉穆索尔岭）后进入中亚，沿今哈萨克斯坦伊塞克湖和楚河边进入碎叶城（今吉尔吉斯斯坦的托克马克城）。待其进入吐火罗（今阿富汗北部）之后，又翻过喜马拉雅山的一个山口，最终进入北印度。玄奘在印度待了十三年才回国。归来时途经阿富汗、帕米尔高原南缘、渍赤河、疏勒、于闻、鄯善、瓜州等地。这一大堆地名，真是让人看得眼花缭乱。

国家博物馆中收藏的宝贝，有许多都与唐玄奘"有缘"。瓜州的榆林窟内出土的牙雕佛传造像和敦煌莫高窟的彩塑供养菩萨，都是来自玄奘经过的甘肃地区。焉耆

第十八章　玄奘的遗物

七个星遗址出土的彩塑菩萨头像、彩塑佛头像、彩塑佛立像，塔里木盆地出土的彩塑佛立像，以及高昌古国所在地——吐鲁番出土的鸾鸟戴胜纹锦、联珠鹿纹锦、墨绿地狩猎纹印花纱、红绢、麻布、麻鞋、小团花锦、告字纹锦，以及让人看上去颇有些食欲的饺子、点心等，都是出自新疆地区。在国家博物馆的"佛教造像展厅"内，还有一些古代印度、中亚地区的佛教造像，或许也是唐玄奘见过的式样。

这么多的文物，需要介绍哪一件呢？我比较犯难，只能求助于国家博物馆的专家。依照专家的指点，还是来说说牙雕佛传造像吧。这件造像是可以随身携带的，它由两片象牙雕成，用合页相连，可开可合。合上的时候，图案是一头圆雕大象，象背上驮着手持宝塔、衣着华丽的人物；打开的时候，则每片各分27格，依次讲述着佛的故事。其中的人像、动物、车、塔等，总数多达300个。这不就是一件有关"佛"的立体连环画吗。

这件文物不是国内制作的，但它来自哪里呢？有些专家认为，它是7世纪或8世纪到11世纪左右（相当于中国的隋朝、唐朝、五代至北宋）印度巴拉王朝的作品；也有观点认为，它制作于6世纪至8世纪（相当于南北朝后期至唐朝前期），并且根据大象脚下底座的壸门和使用马镫等汉文化特征，认为它应该是长期以来与中国内地交往密切的西域或中亚的作品。

北京城区内各处博物馆中留存的隋唐以前的佛教造像，国家博物馆、故宫博物院收藏了其中的绝大部分。国家博物馆内，有一个专门展厅用来展示中国早期佛教造像，以及南亚地区（印度、尼泊尔、阿富汗等）的佛教造像。而故宫博物院的慈宁宫（现辟为雕塑馆）中，则展出了相当数量的早期佛教造像。对造型艺术感兴趣的朋友，不妨亲自一探究竟。

第十九章

第一个千禧年的宝藏
辽宋夏金元时期

历史名词

契丹人建辽
党项人建西夏
北宋的经济文化

文物名词

北宋应县木塔模型
辽国马具
西夏文「敕燃马牌」敕牌
西夏文「防守待命」敕牌
天圣铜人

第十九章　第一个千禧年的宝藏

步入国家博物馆"古代中国陈列·辽宋夏金元时期"展厅，大家都会感到强烈的视觉震撼，首先会被展厅中摆放的那座巨大的应县木塔模型吸引过去。这可是"古代中国"展厅中体量最大的展品之一。除此以外呢？是不是西夏的琉璃鸱吻？好了，咱们的这段历史旅程，就是从多个民族政权并存、多种文化一起展示的氛围里开始的。最终，这些政权——契丹民族建立的辽、汉民族建立的宋、党项民族建立的西夏、女真民族建立的金，都将被蒙古民族建立的大元帝国一统，由分裂再度走向统一。让我们先来看看统一以前多元文化时代的展品吧。

用什么样的文物来体现辽国的文明程度最合适呢？毕竟，契丹民族是马背上的民族，他们的历史，就是骑马打仗、游牧狩猎的历史。一套精致的马鞍，或许最能代表契丹民族的生活状态，尤其是作为契丹统治者的状态。

在考古发掘的辽代墓葬中，曾经出土过大量马具，如马鞍、马镫、车马铃等。现存的辽代绘画和壁画中，也大量出现他们与马共同生活的场景。马匹是游牧人家的财富，用财富来殉葬也就变得顺理成章。因此，在契丹早期的墓葬中，能够看到以马头或整匹马殉葬的情况。到了辽圣宗耶律隆绪的时候（983—1031在位，辅佐其执政者就是大名鼎鼎的萧太后），也许是为了维持战马的数量，朝廷明令禁止丧葬时杀马以殉，以马具随葬逐渐代替了杀马殉葬的风俗。

在目前已经出土的辽墓陪葬品中，马鞍及其装饰是非常重要的一类。据文献记载，当时中原人称辽国的马鞍为"契丹样"，其高超的装饰艺术和精致的制作工艺深受汉民族的喜爱。对契丹样马鞍的追捧，甚至使得一些汉人觉得会伤害本民族的文化自尊，官员许敬迁奏请后汉（五代时期）的皇帝"明诏毁弃"，在《请禁断"契丹样"装服》的奏章中说："天下鞍辔、器械，并取契丹样装饰以为美好。安有中国之人，反效戎虏之俗？"（天底下的马具、器械，都以"契丹样"作为最美最好的。难道中原的民众，反而要仿效文化落后民族的习俗吗？）不过，许敬迁的这个心愿并未达成。到了北宋时期，中原地区仍在仿造契丹样的马具。根据宋代太平老人在《袖中锦》一书中的记载，契丹鞍与夏国（西夏）剑、端（广东肇庆）砚、蜀锦和定

第十九章　第一个千禧年的宝藏

瓷并列为天下第一，显示出契丹鞍具装饰在宋人眼里的地位。当时的辽朝皇帝还常以制作精美的马具和良驹馈赠宋朝皇帝和其他邻邦诸国。这点也从一个方面说明，辽国与北宋之间并非连绵不绝地进行战争。至少，自1004年"澶渊之盟"订立之后，辽宋之间确实有着一百多年的和平。令北宋政府感觉屈辱与不平的，一是送给辽国数量不算太多的岁币；二是放弃了"幽云十六州"当中的十四座城池。

与两宋政权形成对峙关系的少数民族政权当中，时间跨度最大的，是偏居西北一隅的西夏王朝，其延续时间从北宋到南宋。西夏王朝曾经使用过的绝大部分物品，都消失在历史的长河中，留存至今的皆为稀世珍品。比如，在国家博物馆内展出的敕牌。敕牌是什么？通俗地说，它是用来传递政令的一种身份凭证、一种信物，就像我们进出某些场所时需要的门禁、证件。敕牌在中国古代曾被广泛使用，在西夏王朝也不例外。目前已发现的西夏敕牌有二十多面，多为传世品。其中，首推西夏文"敕燃马牌"青铜敕牌。

西夏王朝为了保证朝廷政令及时有效传递，在全国建立了四通八达的驿站驿馆，并使用西夏文敕牌作为官府公文传递的凭证。据文献记载，西夏敕牌有银、铜、木、纸等质地，手持敕牌的使者称为"带牌天使"，由天子任命。见敕牌如见天子，使者凭此牌可以调动驿马畅通无阻，风驰电掣般传递皇帝的命令，这便是"敕燃马牌"。

此外，还有一种"防守待命"牌。据说，这种敕牌只有六枚传世，敕牌正面是西夏文"防守待命"四字，背面为佩戴者西夏文姓名，是西夏军营中守御者的信物标志，或是防守军人的名牌。

国家博物馆中还藏有一枚正反面都有"宫门后寝待命"六字的敕牌。从字面意思上看，"内宿待命"牌和"宫门后寝待命"牌都是宫内宿卫人员身份的证明。

根据西夏律法的记载，朝廷的敕牌都藏在宫中，由专人看护，收藏地不能随便打听和接近；朝廷发给地方的敕牌除了要登记造册外，还要由地方最高长官亲自保管；地方政府和各级衙门机构签发敕牌，"非官事不发，非急事不发"；地方擅自签发敕牌者要被处死，任何丢失、损坏敕牌的行为，都要严格治罪。

第十九章 第一个千禧年的宝藏

为了防止伪造敕牌，保证国家政令传递的安全，敕牌多具有防伪措施。除了制作工艺保密、上书各种敕令文字、严惩伪造外，敕牌一般采用合符制度，由两半组成，一半授予军事首领，一半由朝廷保管收藏，两半能合在一起敕牌才起作用。特别是调动兵马时，朝廷使者送发兵马文书时要当众与地方军事首领的敕牌合符，地方才出兵；地方请求朝廷出兵，也要奏报朝廷派使者下来合符。看完这段内容，你是不是觉得似曾相识？咱们前面讲过的哪件文物，跟这些敕牌的作用差不多呢？

辽与西夏的文物，前面各介绍了一件。作为中原王朝的北宋，也得有个与其文明程度相匹配的宝贝啊。于是，我选择了一件很显眼的物件：针灸铜人。

国家博物馆内的这件针灸铜人，制作于明代正统八年（1443），也就是遭遇过"土木堡之变"的明英宗时期。这件针灸铜人由青铜铸成，个头大小效仿真人。铜人作站立姿势，口微张，露出一部分牙齿。铜人体表分十二个部分，各个部分设有特制的插头，以便拆卸。铜人表面用黑色漆绘出经脉的连线，线上分布全身经穴，共674个。穴位旁，用错金技法标出穴位名称。铜人的体腔内为木雕的五脏六腑和骨骼，每个经穴都与铜人体腔内凿穿的小孔相通。这件针灸铜人的制作十分精致，不仅在外形上相当细致地测定了人体各个部位的具体位置、相互间的比例关系，在一些细节方面，比如发际的边缘、体表部位的骨骼隆起和凹凸、肌腱皮肤的皱褶等也表现得精确无误。这么精致的铜人，是如何用来做针灸实验的呢？在寻找人体穴位时，首先要将铜人安装好，内灌水银，外涂黄蜡，把铜人体表的经脉穴位封得严严实实，令练习者无法辨识，只能凭着经验下针。如果准确扎到了穴位，铜人体内的水银就会流出；如果没有扎准，针就会被挡在铜人体表。

　　这件明朝制作的针灸铜人，可不是明代才出现的。它是北宋科技发展的一个重要标志。早在宋代天圣五年（1027年，宋仁宗时期），太医王惟一便奉宋仁宗之命，设计并铸造出供针灸学习、教学及表示人体经络、内脏解剖的仿真铜人模型，是世界上最早的针灸铜人模型。由于铜人铸造于天圣年间，因此又被称作"天圣铜人"。此件针灸铜人，是明正统年间仿照"天圣铜人"铸造的。

第二十章

岳飞抗金往事

辽宋夏金元时期

历史名词

金国建立
金灭北宋
宋代市井风俗画
南宋建立
岳飞抗金
绍兴和议

文物名词

《清明上河图》
《中兴四将图》
铁铸秦桧造像
金代双鱼纹青铜镜
柳毅传书故事场面青铜镜
列鞢

第二十章　岳飞抗金往事

当宋徽宗欣赏着画师张择端所创作的《清明上河图》时，他或许无法料到，自己治下的北宋政权寿数将尽。于数千里以外，正活跃着一股强大的势力，并且比大宋王朝的死对头契丹人（辽国）更为强大。此后不久，大辽帝国便结束在这股强大势力的铁蹄之下。又过了不多时，北宋政权沦亡。已然顾不得欣赏任何画作的宋徽宗，和他的儿子宋钦宗一道，被掳掠至东北。在经过幽州城的时候，他们父子被囚禁在如今的法源寺及其东侧的古庙延寿寺之内。这也算是来到一直不得见的"幽云十六州"了，不知二人有何感触。

算了，不提他们了，省得内心酸楚。为大宋王朝"重整旗鼓"的，是康王赵构。"靖康耻"发生未久，赵构在南京应天府（今河南商丘）继位，年号也改成了建炎。这位皇帝自登基之日起，便一直生活在担惊受怕的境遇中。在相当一段时期内，他的"护身符"是四位重要将领。这四位将领的画像摹本，现在就放置在国家博物馆"古代中国·辽宋夏金元时期"的展厅之中。这四位在南宋初年保家卫国的将领就是"中兴四将"——刘光世、韩世忠、张俊和岳飞。《中兴四将图》的作者是经历了南宋孝宗、光宗、宁宗三朝的宫廷画家刘松年。能把岳飞等画入作品，至少说明刘松年进行创作的时候，岳飞已经得到平反。

好了，还是先来说说赵构当皇帝那些年的事儿吧。就在赵构即位不久，他便遭遇一件重大意外，导致他唯一的亲生儿子夭折，也给他心里留下巨大阴影。这便是著名的"苗刘之变"。"苗"是赵构手下的统制苗傅，"刘"则是威州刺史刘正彦。

"苗刘"为何要造反呢？原来，自从赵构当上皇帝，他就被金兵追杀，一直在逃难。赵构毕竟是皇帝，尽管他的权威仍在，但赵构身边太监的"狐假虎威"，引起诸将与士大夫们的不满。统制苗傅、威州刺史刘正彦等人便开始密谋，要发动兵变，斩杀太监，再迫使赵构退位，由赵构的儿子接班。

建炎三年（1129）三月五日，"苗刘之变"发生了。苗、刘等人胁迫宋高宗传位于三岁的皇子，再请老太后垂帘听政，尊高宗为太上皇。苗傅升任御营使司都统制，刘正彦为副都统制。这两个职务，其实就相当于北宋时期管理军

第二十章 岳飞抗金往事

队的枢密使和枢密副使。

苗刘之变的消息传出后，驻兵平江府（今苏州）的将领张浚与负责江宁府（今南京）的吕颐浩随即起兵讨伐。他们得到另一位叫张俊（名字稍微有点区别）的将领与名将韩世忠、刘光世的支持。不久之后，韩世忠、张浚、刘光世等人打败苗、刘，保着赵构继续当皇帝。只可惜，不久后小皇子便去世了，赵构也再没有孩子。对于赵构而言，这件事所产生的阴影，伴随他的一生。此时在赵构心中，能够作为"中兴之将"的是韩世忠、张俊和刘光世。至于岳飞，这年只有二十六岁，还没有进入皇帝的视野呢。

岳飞崭露头角，并不是因为抗金，而是镇压国内的民众起义。南宋绍兴元年（1131），朝廷任命张俊为江南招讨使、岳飞为副使，负责平定造反的李成。张俊与岳飞不辱使命，很快便将叛变平息。

到了这年五月，湖北东部地方官张用招纳流民，公开与南宋朝廷对抗。张用率军跑到江西去掠扰。此时，岳飞正好驻兵于江西。一打听才知道，岳飞与张用竟然是相州汤阴（今河南汤阴）老乡，于是岳飞写信给张用进行招降，张用随后便向岳飞投降，部众也被整编为宋朝正规军队。张用叛变被神速平息后，张俊上奏朝廷，并称岳飞军功最大。赵构一高兴，将年轻将领岳飞的官职，晋升为右军都统制。

绍兴二年（1132）二月，朝廷任命岳飞为潭州的地方军事长官，负责讨伐、招安造反的曹成。没隔多久，岳飞就将曹成打败。后来，逃跑中的曹成又被韩世忠大军所败，于是率众投降韩世忠。

就这样，岳飞屡次临危受命，又屡屡取得胜利。到了绍兴三年（1133）八月，赵构急着想见岳飞，便命他赴都城临安面君。岳飞带着长子岳云来了，君臣相见甚欢。高兴之余，赵构赏赐岳飞金带器甲、战袍戎器，另特赐锦旗一面，上绣皇帝手书"精忠岳飞"四个字，这或许就是传说中岳飞后背"精忠报国"四个字的由来。随后，"精忠"成为岳家军的灵魂与象征。赵构破格提拔岳飞，让岳飞成为南宋军队的重要将领之一。

既然皇帝赏识，岳飞也懂得知恩图报。宋绍兴四年

第二十章　岳飞抗金往事

（1134）春，岳飞上书朝廷，请求北伐，收复丢失多年的襄汉。朝廷经过反复讨论，决定由岳飞率军出师北伐。岳飞确实是打仗的人才，通过这次战役，南宋头一回收复了襄汉大片失地，这是自赵构立国以来局部反攻的首次重大胜利。这一年八月，岳飞晋升为靖远军节度使，从而成为与韩世忠、刘光世、张俊并列的南宋初年四大主将。

由于民间传奇、小说当中，一直把岳飞作为主角，韩世忠、张俊、刘光世等人的业绩便被岳飞的无限光芒给遮挡了。

岳飞被民间捧为"战神"，源自他"直捣中原"的最后一战。那是在宋绍兴十年（1140）六月，岳飞挥师迅速北进，连续攻克颖昌府、淮全府、郑州、西京河南府（今河南洛阳）等地，进逼昔日的北宋首都开封。此后，金兵进犯郾城，岳飞麾下的宋军以少胜多，给金军以沉痛打击。正当宋军北上节节胜利之际，岳飞连续收到了赵构发来的十二道金牌，于是忍痛班师回朝。他悲愤填膺，对部下哀叹道："十年之功，废于一旦！"

赵构为什么要下旨撤兵？因为议和。皇帝不想再打了，作为臣子的岳飞又如何能打。赵构的议和想法，也不是一天两天了。早在岳飞被破格提拔以前，赵构便得到了一个重要的"议和人选"。如今，此人早已被后世民众唾骂了近千年，他就是秦桧。在国家博物馆的展厅内，存放着一件黑铁铸造的文物。这件文物，是一个人的跪像，它来自早已消失的北京城内一座精忠庙。精忠庙，也就是岳飞庙。这样的跪像，不仅在北京岳飞庙里有，河南汤阴的岳飞庙（岳飞出生地）、杭州的岳飞庙（岳飞去世地）中也有。跪像所刻画的人物，便是秦桧。有一种观点认为，秦桧是在为赵构来做"垫背"，秦桧所执行的，无一例外都是赵构制定的政策，但这一说法目前也并无定论。

早在北宋灭亡以前，秦桧已是朝廷官员。待金灭北宋，惨遭北掳的秦桧，还是想着要保住赵姓皇室的。后来，秦桧与金国的关系越来越密切。等到他返回南宋，许多人都觉得不可思议：这家伙怎么就能如此顺利而且还不明不白地回来了呢？尽管众人心存疑虑，但南宋宰相范宗尹、同知枢密院事李回都与秦桧关系不错。他俩向赵构力荐秦桧，夸赞其忠心耿耿。赵构召见，秦桧提出了天下

第二十章　岳飞抗金往事

"南自南、北自北"的议和主张，居然说到皇帝心里去了。赵构感到自己得到了一个"知己"。没过多久，绍兴元年（1131）二月，秦桧被升为参知政事（副宰相）。到了八月，秦桧正式拜相。此后，赵构开始与金国谈判议和。而此时，恰恰是岳飞得到提拔的开始。由此可见，岳飞的人生悲剧，在他建功立业的那个时刻，就已然注定了。

作为南宋敌对方的金国，留在世间的文物并不算少。在国家博物馆的展厅内，有三件文物值得一说。其中的两件是青铜镜，另外一件则是列鞣。咱们先来说说这两件青铜镜。一件是金代早期制作的双鱼纹青铜镜。要说这"双鱼纹"得以流行，或许是与女真族（金朝的建立者）的渔猎生活习惯有关。也有人认为，这件文物表达了人们希望生活富足、连年有余的愿望。还有人认为，女真青铜镜上的鱼纹可能与女真族信仰萨满教有关。总之，说什么的都有，你认为哪种说法更可靠呢？

第二件文物，是柳毅传书故事场面青铜镜。这扇由女真族制作的青铜镜背面，居然雕刻着汉族的传奇故事。这"柳毅传书"是个什么样的故事呢？据说，有一个叫柳毅的秀才赴京应试。当他途经泾河的河边时，见到一位牧羊女正在啼哭。柳毅上前询问，才知这个姑娘原来是洞庭湖的龙女三娘。三娘嫁给了泾河的一条小龙，但经常遭受小龙的虐待，所以才出门啼哭。柳毅很有正义感，他为三娘传送家书，入海会见洞庭龙王。龙王惊悉三娘被囚，立即赶奔泾河，救回龙女。三娘得救后，深感柳毅传书的义举，便托龙王向柳毅提亲。柳毅是个做好事不图回报的人，他拒绝了三娘的求婚。三娘矢志不渝，偕龙王一同化身为渔家父女，并与柳毅家做了邻居。化为人形的三娘与柳毅感情日笃，遂将真情相告。柳毅与她最终结为夫妻。这样的故事，不仅汉族百姓喜欢，就连生活在森林、草原上的民族也同样喜欢。你瞧，"柳毅传书"的故事，不就刻在金代的青铜镜上面吗？

最后，咱们聊两句"列鞢"，这是金代女真贵族在腰间佩戴的饰品。据说，国家博物馆内收藏的这件列鞢，在发掘出来的时候，是被层层丝绸包裹着的。由此看来，它的主人一定是个地位较高的皇亲贵胄。如果你去了国家博物馆，可一定要好好看看。

第二十一章

成吉思汗的真容
辽宋夏金元时期

历史名词

铁木真统一蒙古
忽必烈建元　元大都
元灭南宋　宣政院辖地
指南针　陆上与海上丝绸之路
元代经济

文物名词

成吉思汗画像
元大都城双凤麒麟纹石雕等
磁州窑白釉黑花婴戏图瓷罐与龙凤纹瓷罐
水浮法指南针
阿拉伯数码字铁方盘
八思巴文漆碗
至元通行宝钞

第二十一章　成吉思汗的真容

很多年前，一部由中国与意大利合作拍摄的名叫《马可·波罗》的影片，曾在全世界引起轰动。在这部影片中，中国著名演员英若诚饰演的忽必烈以其精湛的表演艺术征服了亿万观众。看罢影片，我不由得想：到底是英若诚扮演了忽必烈，还是忽必烈本该是英若诚的样子？哈，开玩笑了。其实，我们现在熟悉的忽必烈的形象，是来自收藏于"台北故宫博物院"中的一幅藏画。他的真实模样，恐怕我们谁都不知道。有的历史学者对此充满好奇，于是就想到了骨骼复原，但忽必烈的陵墓在哪儿？估计这又是件无人知晓的事儿。

不单单是忽必烈，连同大蒙古帝开创者成吉思汗在内的历代统治者，他们的陵墓在哪里，他们的相貌如何，我们都一无所知。在国家博物馆的展厅内，画卷中的成吉思汗冲着我们微笑。他在笑什么？或许是"休想盗掘我的陵寝，你们谁都别想找到"吧。

成吉思汗，是开创了大蒙古国的第一代统治者，也让远东民族第一次建立起地跨欧亚大陆的庞大帝国。然而，这位生前风光无限的大汗，却不希望在死后被人打扰，哪怕是坟前的祭祀活动,似乎也不必举行。兴许是活着的时候太过劳累,征战一生拓展了数千年未有的庞大疆域。等到死后,也需要长眠数千年,解解生前的疲乏。于是,我们所能得到的关于他身后事的一切信息,几乎都是来自传说。

话说1227年的盛夏,成吉思汗在六盘山南麓病逝,时年六十五岁。他的遗体被运往蒙古的肯特山下,挖深坑密葬之,万马踏平,并由专门的队伍看守。待来年青草茂盛时,才撤走守陵队伍和陵墓周边被围住的帐篷。还有一种说法,讲得要残忍许多:当时修建成吉思汗帝陵,征用了两万五千名劳力。待陵墓建造完毕,统治者派出四百名军人,将所有的劳力统统杀掉,一人不留。随后,这些知晓陵墓秘密的军人也被全部灭口。

不过,我们目前能够见到的成吉思汗遗物就在内蒙古鄂尔多斯的成吉思汗衣冠冢内,安放着成吉思汗生前使用过的马鞍等物。此外,那里还陈列着成吉思汗的第四个儿子拖雷及其夫人的灵柩。拖雷是元世祖忽必烈的父亲。

成吉思汗时代的存世文物数量有限,但到了他的孙

第二十一章　成吉思汗的真容

子,也就是鼎鼎大名的忽必烈的时代,留存的文物也多得数不过来。在国家博物馆展厅内,几件出土于北京明城墙墙基的元代文物,总会吸引参观者的目光。明城墙的墙基,怎么会发掘出元代的东西?究其原因,明城墙的许多段落,都是在元大都城墙的基础上修建的。于是乎,城墙处发掘出土的双凤麒麟纹石雕、雕花砖、瓦脊兽、龙纹石栏板等,都具有相当浓郁的蒙元时代特色。

成吉思汗的征战,打通了亚欧大陆之间尘封已久的渠道,使得陆上丝绸之路得以重新开启,海上丝绸之路的范围进一步扩大。忽必烈则完成了在东亚地区的疆域拓展,最终使得青海、西藏、云南等地区归属中原王朝。在国家博物馆的收藏品中,就有一批能够见证这段历史的珍贵文物。

磁州窑白釉黑花婴戏图瓷罐与龙凤纹瓷罐,都是出土于辽宁绥中县。更具体点说,它们出自元代沉船。从发现婴戏罐的元代沉船的位置来看,那艘船应该是在离岸后不久便意外沉没,所以我们无法判断此船到底要开往哪里。在元代的时候,位于河北省磁县漳河两岸的磁州窑是北方最重要的瓷器生产地，尤其是白地黑花瓷的产品数量惊人。这些瓷器基本上是通过海路运往海外的。

此外，国家博物馆展出的三只龙泉窑瓷碗，均出土于广东省珠海蚊洲岛海底的另一艘元代沉船内。根据专家推测，这艘海船从广州港起航，行驶未久，便在蚊洲岛海域沉没。数百年后，船中的瓷器被打捞上来，人们推测瓷器的生产地应该是在浙江的龙泉窑。

看到这儿，你会不会觉得很奇怪，怎么会有这么多沉船？看来海上航行真是不安全啊。实际上，海船沉没并不是大概率事件。绝大部分海船都是可以安全抵达目的地的。这要归功于宋元时期比较发达的航海技术。在国家博物馆的展厅内，就有这样一件模型，彰显着元代航海技术的发展水平。这是一件水浮法指南针的复原模型。这种指南针是将磁针横向穿过几小段灯芯草，然后放在盛水的碗中。灯芯草的重量要比水轻，连同磁针一起，浮在水面并保持静止时，磁针两端分别指示南北。北宋出现了四种指南针，其中水浮法指南针最具实用价值。因为碗里的水具有保持水平的特性，只要不是倾覆或急剧的振荡，磁针就

第二十一章　成吉思汗的真容

能继续使用。

除了从中国运出的商品，还有一些外来的奇特商品也被收藏在国家博物馆中。比如，有件并不起眼的小文物"阿拉伯数码字铁方盘"。

这个小铁盘呈正方形，盘子上面有六行六列总共36个格子，格内有各不相同的符号。这些难懂的符号，正是咱们现在使用的阿拉伯数字的前身。为了加以区别，一般被称作"阿拉伯数码字"。这个数字系统起源于印度，后被阿拉伯人发扬光大，推向全世界。根据专家的介绍：在这个幻方中，任意行、列、对角线的六个数字相加都是111，而且第一行和第六行中六个数的平方和都等于3095，第一列和第六列中六个数的平方和都等于2047，这叫作"二次幻方"。把最外面的一圈数字去掉，只留下中间的四行四列，任意行、列、对角线的四个数字相加都是74，这种情况在数学上叫作"完美幻方"。

在忽必烈的时代，西藏地区成为中央政府的管辖区域，由宣政院进行管理，被称为宣政院辖地。在国家博物馆内，便收藏着元代八思巴文漆碗和出土于西藏萨迦寺的元代至元通行宝钞。这个至元年号,在元代出现过两次。一次是忽必烈在位时期,另一次是元惠宗在位时期。这就是俗称的"前至元"与"后至元"。至于这枚"通宝"到底属于哪个"至元",目前仍存在争议。但无论是哪个时期,功绩都一定要算在忽必烈的头上。

第二十二章

朝贡体系最后的高光时刻

明清时期

历史名词

郑和下西洋

文物名词

郑和铜钟
「三宝公」铁矛
《新刻全像三宝太监西洋记通俗演义》
《榜葛剌进麒麟图》卷轴

第二十二章　朝贡体系最后的高光时刻

你去过什刹海吗？那可是北京城内一道独特而亮丽的风景线。对于见不到太多水面的北京城而言，像什刹海这么大的一片蓝色就显得十分难得了。距离什刹海不远处，有一条三不老胡同。看看名称，你猜这"三不老"是什么。三种不会变老的灵丹妙药？三个不老的老神仙？北京城的一些胡同名称，就是这样有趣又令人匪夷所思。其实，这是由从"三宝（保）老爹"胡同的名称演化而来的。"老爹"是个亲切且尊敬的称谓。至于"三宝（保）"，可是我们这篇文章的主角——郑和从小便有的名字。这条胡同之所以跟郑和有缘，是因为郑和在北京的居所就在此地。

怎么跟你介绍郑和呢？他是明朝初年的一个奇迹。郑和出生在明洪武四年（1371），也就是明朝开国不久。郑和原名马三保，自幼生活在云南。当然，郑和出身于镇守云南的回族世家，算是当地最显赫的家族了。洪武十四年（1381），明军为了围剿蒙元王朝的残余势力出征云南。作为这种残余势力代表的郑和父亲死于战乱，小郑和则被当作孩童战俘遭阉割后充军。从此，十一岁的郑和便开始了出生入死、颠沛流离的军旅生涯。

五年后，燕王朱棣看上了这个吃苦耐劳、机智勇敢又沉默寡言的少年，选他做了自己的贴身随从。在以后的靖难之役、漠北剿元等重大历史事件中，郑和屡建奇功。特别是北平东南郊区的郑村坝之战，朱棣采纳了郑和的计策，用自己的八万人马击败朝中大将李景龙所率三十万围剿大军，使自己转危为安，从而赢得战争的主动权，为日后取代侄子建文帝奠定了基础。在这场战斗结束后不久，作为贴身随从的郑和被朱棣赐姓"郑"，官升"内官监太监"。此时的郑和，是大明王朝的正四品官员，这也算是内官中的最高官职了。

朱棣很赏识郑和，但赋予他"下西洋"的重任，似乎还另有原因。

郑和出身于回族的显赫世家，从小便受过良好的教育。郑和的祖父、父亲都曾历尽艰难、万里跋涉到麦加朝圣，并给少年郑和讲述阿拉伯世界的故事，讲述各种海外的异域风情。祖辈的教育使郑和从小就对天文、地理、航海等知识产生浓厚兴趣。

虽然郑和是伊斯兰信徒，但他又被朱棣的主要助手、

第二十二章　朝贡体系最后的高光时刻

大和尚姚广孝收为佛门弟子，赐予法名"福吉祥"。郑和对于两种教义都有很深的领悟，而西洋一带民众普遍信奉的也是这两种宗教。

郑和勤奋好学、忍辱负重、胸怀乾坤，加上他"才负经纬、文通孔孟"，"有智略，知兵习战"且粗通阿拉伯语，因此，被永乐皇帝看重并赋予下西洋的重任。

从永乐三年（1405）起，郑和前后七次奉命率领庞大的"宝船"队伍出使西洋（西洋，指中国南海以西的海域，其实包括如今所说的"南洋"）。第一次是从永乐三年至五年（1405—1407），第二次是永乐五年至七年（1407—1409），第三次是永乐七年至九年（1409—1411），第四次是永乐十一年至十三年（1413—1415），第五次是永乐十五年至十七年（1417—1419），第六次是永乐十九年至二十年（1421—1422），第七次是宣德六年至八年（1431—1433）。每次出航，郑和统领的军士、水手都多达两万余人，分乘大小海船两百余艘。据文献记载，船队中最大的"宝船"（旗舰）长125余米、宽50余米，可容上千人。郑和船队曾先后到达占城（今越南南部）、真腊（今柬埔寨）、暹罗（今泰国）、满剌加（今马六甲）、锡兰山（今斯里兰卡）、比剌（今莫桑比克）、木骨都束（今索马里的摩加迪沙一带）、麻林（今肯尼亚马林迪）和天方（今麦加，属于沙特阿拉伯）等三十多个国家和地区。好家伙，从东南亚到南亚，经过西亚到达非洲东部，郑和船队的规模之大、航程之远、技术之精，实为世界航海史上的壮举。时人看罢郑和的船队，若再去看看迪亚士、达·伽马、哥伦布、麦哲伦等人的船队，估计会一脸不屑的。

可惜的是，关于郑和下西洋的文献档案，在成化年间就已经被毁（另有说法，是毁于明末清初的战乱之中），正史的记载也语焉不详。因此，随同郑和一道下西洋的马欢所著的《瀛涯胜览》、费信所著的《星槎胜览》、巩珍所著的《西洋番国志》，以及收入茅元仪《武备志》的《郑和航海图》（被后世研究者们并称为"三书一图"）就成了研究郑和下西洋最主要的原始资料。而放置在国家博物馆展厅内的郑和铜钟等文物，也成为研究郑和的最重要实物。

这件郑和铜钟是郑和第七次下西洋前为祈求出海航行

第二十二章 朝贡体系最后的高光时刻

平安而铸。铜钟上铸有"国泰民安"和"风调雨顺"的铭文；在铜钟底部，还能见到"大明宣德六年（1431）岁次辛亥仲夏吉日，太监郑和、王景弘等同官军人等，发心铸造铜钟一口，永远长生供养，祈保西洋回往平安吉祥如意者"等字样。

据专家介绍，这口铜钟的制作工艺，是当时所能达到的最高铸造水平。至于郑和为什么要铸造这口铜钟，专家推测，每次下西洋前，郑和所率领的庞大舰队都要在福建长乐五虎门一带集结，做好出发前的各项准备，等候东北季风来临，再扬帆出海。而在等候季风期间，郑和会由副手王景弘陪同，到福建各地的寺庙行香布施。就在这最后一次下西洋前，郑和重修了当地的天妃宫（天妃就是妈祖林默，她是保佑航海的女神）和南山塔寺，并在天妃宫勒石立碑，这就是著名的《天妃灵应之记》碑。据碑文可知，在重修天妃宫的同时，郑和还建造了一座三清宝殿，并铸钟设鼓供在殿内，以保佑航行的平安。据民间传说，郑和每次在海上遇险，都能得到神灵的保佑而平安无事。

后来，三清宝殿两次被毁，殿内的铜钟也移作他用。

1981年，铜钟在南平的一个废品回收站里被发现，随后入藏中国国家博物馆。

在国家博物馆的展柜中，与郑和铜钟做伴的，还有另外两件文物：印度尼西亚制作的"三宝公"铁矛，与明万历年间刻印的《新刻全像三宝太监西洋记通俗演义》（罗懋登著）。当然，如果将"郑和时代"的文物都算上，国家博物馆内还有些值得一说的。

国家博物馆中收藏着一幅《榜葛剌进麒麟图》卷轴，这幅画作所反映的是永乐年间榜葛剌向明朝进献"麒麟"的场景。榜葛剌就是现在的孟加拉国，这个国家属于南亚热带季风气候区，生活着一些热带特有的动物，比如长颈鹿。我们的古人之前是没有见过长颈鹿的，于是，长颈鹿就被当作古代神话传说中的瑞兽"麒麟"。榜葛剌进献长颈鹿，一定是郑和下西洋之后发生的。

由此看来，郑和下西洋确实达到了永乐帝希望宣扬国威、获取奇珍异宝的目的。但这样的活动，为何会在宣德年间突然中断？原来，永乐帝是个"开疆拓土"的皇帝，同时也会有"好大喜功"的心理。他派遣郑和出使西洋，

第二十二章　朝贡体系最后的高光时刻

更多的是考虑政治影响，并不在意经济利益，由此建立起来的朝贡贸易是不计成本的。只要对方称臣纳贡，就可以得到比进贡多出几倍的财物。这样做的结果，一定会加重明王朝的经济负担。因此，到了宣德八年（1433），郑和于第七次下西洋的途中去世，朝廷便不再组织大规模的远航活动，连郑和所留下的宝贵资料，也大都被封存或干脆销毁了。

第二十三章 成为经典的古代读物

明清时期

历史名词

李时珍与徐光启
宋应星与
施耐庵吴承恩
罗贯中与曹雪芹与
蒲松龄
吴敬梓

文物名词

明刻《西游记图》
明刻《三国志通俗演义》
清抄本《红楼梦》（一百二十回）
清刻《儒林外史》

第二十三章　成为经典的古代读物

在国家博物馆"古代中国陈列"的尾声，展厅内摆放着一组古籍文献。走到这里，很多人都会匆匆而过，对于这些古籍视而不见。究其原因，或许是前面的内容太过丰富，参观者早已审美疲劳；再有就是，这些古籍文献实在没有吸引眼球的地方，引不起兴趣来。但如果你能静下心来瞧瞧，就会发现：历史课本上讲到过的科学技术、文学艺术方面的著作，这里还真是挺齐全呢！在科学技术方面，就有清嘉庆十三年（1808）刻印的明代《徐霞客游记》、明万历年间刻印李时珍的《本草纲目》、明崇祯年间刻印徐光启的《农政全书》、崇祯年间刻印宋应星的《天工开物》；在文学艺术方面，有清代刻本的《水浒传人物图》、明代绘本《西游记图》、明代刻本《三国志通俗演义》、清乾隆年间抄本《红楼梦》（一百二十回）、清代刻本《聊斋志异图说》、清同治年间（1874）刻本《儒林外史》等。在当年，除非从事科技工作，普通百姓是不会关注这些科技类图书的。而文学艺术类的书籍，则是大众生活所需的，完全可以当作枕边读物。

明清时代的中国社会，既是高度集权专制的社会，同时又是一个市民社会，尽管市民的人数所占比例，要远远低于农民。在这个时期，章回体长篇小说渐渐走进了人们的生活。要知道，宋元以前的中国文学是缺少长篇故事的。所有的内容，无论是魏晋志怪小说、唐代传奇、宋元话本等，都是短小精悍而且会被随意改动的"评书"段子。流行于宋元时期的话本现存有三部重要作品：《五代史平话》《大宋宣和遗事》《大唐三藏法师取经记》。对于前一部，我们似乎了解得不多。至于后两部，那不就是《水浒传》和《西游记》的前身吗？《大宋宣和遗事》是讲述历史上发生的真实事件的。书中按照年月来分段，如"崇宁元年""政和六年""宣和二年"，每段内容有长有短。其中"宣和四年"这一段，就是后来《水浒传》的蓝本。此时出现的宋江兄弟只有三十六个人，到了元明时期，余下的七十二个人才被陆陆续续地填补了进去，从而形成水泊梁山一百零八条好汉。

在最初的三十六位好汉中，有些人的故事是单独出现的。比如，杨志、鲁智深、武松等，他们各有各自的故事，跟其他好汉之间的关系不紧密。此后，从元代至明初

第二十三章　成为经典的古代读物

的一些话本中,"梁山好汉"都是三十六位。而这三十六人的故事,居然占了《水浒传》内容的多一半。根据著名学者林庚教授的说法,在元代的"水浒戏"中,有"三十六大伙,七十二小伙"的说法。这就如同摊贩卖枣,分成大堆小堆。大个儿的好枣放在一起,小个儿的枣堆在一处。"三十六""七十二"是虚数,只不过表示"好汉"的数量很多。《水浒传》最后成书的年代是在明永乐至正德、嘉靖的约一百年间(1403—1566)。

　　《水浒传》的最终编撰者,是大名鼎鼎的施耐庵(也有人说是罗贯中,或施耐庵与罗贯中合著)。在他手中定型的这一百多条好汉,其实是中国古代游侠形象的化身。你还记得"荆轲刺秦王"里面的荆轲吗?他是真实生活在战国时代的游侠。此后,游侠便渐渐淡出了人们的视野。游侠的消失,是在西汉武帝的时候。唐代中期以后,这一形象又开始以传奇的方式,慢慢进入市民的娱乐生活。宋元时期,话本中的"游侠"又演变成"江湖好汉"或"强盗草寇",江湖习气愈益严重。由于缺少明确的生活目标和远大的精神追求,此时的"江湖好汉"或"盗寇"们完全失去了古代英雄侠士的理想光辉。一部《水浒传》的诞生，不但在小说的主要英雄人物身上集中了游侠"路见不平，拔刀相助""扶危济困，仗义疏财"的美德，并且赋予他们舍身报国、边庭立功的理想和抱负，从而恢复了市民文学中游侠身上久已失去的浪漫主义精神和理想光辉。多少年后，在金庸、古龙、梁羽生等武侠小说作家笔下，游侠形象更被推向了极致。

接下来，咱们聊聊《西游记》。"西游记"的故事，最早出现自唐玄奘的弟子慧立、彦琮所撰写的《大唐三藏法师取经记》。那时候的故事里，只有唐僧一个人，并没出现仨徒弟。到了南宋，民间开始流传一部名叫《大唐三藏取经诗话》的作品，这是为传播佛教而写的，里面出现了唐僧和"猴行者"两个主角。这"猴行者"，起初是个白衣秀士。发展到"西游记"故事形成之时，才从白衣秀士变成了我们熟悉的孙猴子，并取代了唐玄奘的"男一号"地位。再到明朝嘉靖年间，吴承恩创作了一百回本的《西游记》，其想象之妙，文字之生动，使得一部志怪作品变成充满童话色彩的长篇小说。

第二十三章 成为经典的古代读物

孙悟空最初的师父，也就是菩提祖师，是个具备各种"浪迹江湖"能力的大神。孙悟空在得道之后本领高强，而且兼有类似江湖上的英雄好汉以及泼皮无赖的习气。按照林庚教授的看法：孙悟空特别好名声，若是被人小看，忍不住就要显显手段，大闹一场；两次大闹天宫就是这样闹起来的。如此一通折腾的目的，都不过是为博取一个好汉的名头而已。此类的性格形象正是从市民生活的经验中创造出来的，也是以市民心目中的英雄好汉形象为原型的。

孙悟空的出身多少有点奇怪，他既无家庭负担，又没有亲缘的约束，可以说是身无长物，更不要说有什么家产了。除去耳朵里的金箍棒、头上戴的紧箍帽和身上穿的虎皮裙以外，他几乎是什么都没有，因此也不怕失去什么。于是，他浪迹天涯，行无定止，却习以为常，甚至还乐在其中，并且从不放过任何机会嘲笑猪八戒的恋家心理。依照林庚教授的看法，这不就是都市里无业游民的特点吗。孙悟空眼里的猪八戒，或许正是市民眼中的传统农民形象。猪八戒小心翼翼地攒了点私房钱，却被孙悟空轻易地诈了去。想占孙悟空的便宜,到头来却总是被孙悟空占了便宜。所以猪八戒的"精明",只是旧式农民的"小聪明"。让都市的人看来,不免显得笨拙而可笑。猪八戒是恋家的,他不习惯更不喜欢长期在外奔波的行旅生活。他的"取经"真正是出于无奈的。所以在西行途中,如遇有劫难,总是他第一个打退堂鼓,嚷嚷着要散伙,要回高老庄做女婿,种地过日子。

关于"三国"的故事,早在唐代诗人李商隐的诗句中,就已经出现:"或谑张飞胡(鲁莽),或笑邓艾吃(痴,愚钝)。"到了元末,文人罗贯中所编撰的《三国志通俗演义》问世。他主要利用了陈寿《三国志》及裴松之所注的正史材料,又吸取了民间流传的讲史话本和戏曲故事。全书分为二十四卷,二百四十则。今存最早的刊本就是明代嘉靖本(1522—1566)。到了明末,新刻的本子就非常多了,回目也由二百四十则合并为一百二十回。

《三国演义》之所以引人入胜,是因为这里写到了"天下大乱"中群雄纷起的局面。《三国演义》中最为精彩的部分,当推"曹操煮酒论英雄"至"柴桑口卧龙吊丧"一

第二十三章　成为经典的古代读物

段。此中包括官渡之战和赤壁之战这两大战事。在此之前的故事，属于群雄四起，此长彼落，缺乏明显的重心及主角。在此之后，天下三分已定，势成僵局，主角均已表演过了，没有太多新的花样。这就如在"三国"一篇中说过的那样，"三国"故事的精华，都放在了后汉时期。后汉一结束，三国的经典桥段便随之结束了。

进入清代，有三部重要的小说作品，值得一聊:《红楼梦》《儒林外史》《聊斋志异》。由于篇幅所限，咱们只来聊一聊《儒林外史》。如果你读过"范进中举"，对里面那个疯了的范进一定有印象。其实，《儒林外史》的主要讽刺对象，就是像范进这样的热衷于功名富贵的人，正如"闲斋老人"在《儒林外史"序"》中所说:"其书以功名富贵为一篇之骨。"小说作者吴敬梓对于功名富贵的否定，实际上是对当时读书人读书、考试、做官的传统人生道路的否定。宋代之后，朝廷大规模扩充取士名额，"崇文抑武"。使得科举考试变成知识分子实现人生理想的主要道路。也就是从那时起，"洞房花烛夜，金榜题名时"变得无限风光，成为每个知识分子的人生目标。到了明代，更是规定用八股文来取士,进一步将读书人的思想禁锢住。知识分子不愿意学习科学,不愿意从事做官以外的一切行业,大家都对功名富贵趋之若鹜。《儒林外史》从根本上否定了八股取士的科举制度,吴敬梓做了别人不敢做的事儿,他的胆量确实是够大的。

第二十四章

画中的"康乾盛世"

明清时期

历史名词

康熙帝
乾隆帝
康乾盛世
平定准噶尔
圆明园

文物名词

青玉嵌花把皮鞘腰刀
《乾隆南巡图》
海晏堂青铜鼠首、兔首造像
霁青釉金彩海晏河清尊
清代粉彩
瓷都景德镇
《棉花全图》
《捕蝗图》
《平定准噶尔图》
《北征督运图册》
黑绒嵌银花撒袋（弓箭袋）

第二十四章 画中的"康乾盛世"

距离我们最近的一个王朝,是清朝。从清朝灭亡到现在,才一百多年的时间。回顾清王朝将近三百年的历史(从1616年努尔哈赤建立后金算起,至1912年宣统帝溥仪退位为止,大约296年),你最熟悉的皇帝是谁呢?努尔哈赤(年号"天命")、皇太极(年号"天聪")、顺治(从此往下,所列的都是皇帝年号)、康熙、雍正、乾隆、嘉庆、道光、咸丰、同治、光绪、宣统。很多的朋友挑选出的大概会是康熙和乾隆。刚才说过,这是皇帝在位时的年号。生活在那会儿的百姓,绝不会称呼皇帝为"康熙""乾隆",更不会直呼其名"玄烨""弘历"(他们也不一定知道)。从民众嘴里说出来的,一般都是"当今圣上"。

好了,咱们就来说说康熙与乾隆吧。康熙帝名叫玄烨,他在位六十一年(1662—1722),在清代皇帝中在位时间最长。仅次于他的,同时也是寿命最长的,是康熙帝的孙子弘历,也就是乾隆帝,在位六十年(1735—1796)。乾隆帝实际掌权六十四年,原来他还当了四年名实不符的太上皇。这两位皇帝的统治时间,加在一起是一百二十一年。这段时间,就相当于经历了八个大秦王朝(十五年)、三个半隋朝（三十七年）。若再加上康熙帝的儿子、乾隆帝的父亲雍正帝胤禛在位的十三年（1723—1735），完整的"康乾盛世"（也有叫"康雍乾盛世"的）总共存在了一百三十四年以上。不得了，不得了。

这段时间，是清帝国统治达到巅峰的日子。近代以前的中国版图就是在乾隆中期最终奠定的。"我国的疆域，西跨葱岭，西北达巴尔喀什湖，北接西伯利亚，东北至黑龙江以北的外兴安岭和库页岛，东临太平洋，东南到台湾以及附属岛屿钓鱼岛、赤尾屿等，南至南海诸岛，成为亚洲最大的国家。"如今最大的亚洲国家，依然是中国。只不过，昔日的西部、西北部、北部、东北部边界线都有了巨大的变化。与清代中叶基本一致的，就只有南部、东南部与东部的边界了。

曾经的大清帝国，在乾隆帝眼中，绝对是个"天朝上国"。无论是周边的藩属国如日本、朝鲜、琉球，还是远在天边、连名字都不一定搞得清的英国，都是需要文明教化的对象。在国家博物馆的展厅里，就陈列着一件"青玉嵌花把皮鞘腰刀"。这是一把钢质的腰刀，手柄为青玉质

第二十四章 画中的"康乾盛世"

地,上面嵌有金丝与宝石组成的花枝,配有皮鞘。这把腰刀是乾隆五十八年(1793)马嘎尔尼率领英国使团来华时送给乾隆帝的礼物之一。

为了能够与中国通商,1792年英国政府派遣马嘎尔尼作为使者,借着祝贺乾隆帝八十三岁(虚岁)"万寿节",带着丰厚的礼物,乘坐舰船来到中国。在经历九个月的漫长航行后,马嘎尔尼使团抵达广州后北上京城。随后,使团主要成员赴承德避暑山庄谒见乾隆帝,进而发生了著名的"礼仪之争"。"礼仪之争"使得乾隆帝大为光火,他没有同意马嘎尔尼所提出的要求,英国使团以和平方式打开中国大门的愿望落空。四十七年以后(1840),英国人使用炮舰轰开了清帝国的大门。此时,乾隆帝已经去世四十一年。在位的皇帝,是他的孙子道光帝旻宁。

乾隆帝并没有招呼马嘎尔尼等人参观有着"万园之园"美誉的北京西郊圆明园。马嘎尔尼没有造化,他的后辈英国同胞倒是"很有造化"。而且,圆明园就是毁在了他们和"盟友"的手中。如今,本应放置于圆明园内的文物,已然流落到全世界。国家博物馆内所珍藏的,是历尽磨难、劫后余生的一小部分圆明园文物。其中，就有长春园玉玲珑馆陶嘉书屋门上的铺首、海晏堂内的霁青釉金彩海晏河清尊，以及我们最为熟悉的海晏堂青铜鼠首、兔首造像。此外，海晏堂十二青铜首中的虎首、猴首、牛首、猪首被收藏于保利艺术馆，马首则存放在圆明园内，龙首被中国台湾地区收藏。

看到这里，不知你发现没有，在国家博物馆收藏的上述文物之中，至少有三件来自圆明园的海晏堂。这海晏堂是做什么用的呢？原来，海晏堂是圆明园西洋楼景观区中最大的一座宫殿。它的名称，来自唐诗"河清海晏，时和岁丰"的说法。大概意思就是：黄河水流澄清，大海风平浪静。后辈人时常用这组诗词来颂扬天下太平。霁青釉金彩海晏河清尊外表釉色为霁青色，肩颈间贴一对白色展翅剪尾燕子作为耳。霁青色象征"河清"，燕子与"晏"谐音，蕴含着"海晏河清，四海承平"之意。这件文物可是乾隆时期粉彩瓷器制作工艺达到高峰的产物，它是由景德镇御窑为圆明园海晏堂专门烧制的陈设品。据史料记载，这是在乾隆二十五年（1760），为庆祝乾隆帝五十大寿，工匠

第二十四章 画中的"康乾盛世"

们烧制成并进献的。估计岁年乾隆帝见到时，一定十分喜爱。

乾隆帝并不总是待在紫禁城或圆明园，他也会到处走动。如果往北走，除了去承德避暑山庄，便是到盛京（辽宁）祭祖；如果往南走，就是要"下江南"了。国家博物馆内所藏的《乾隆南巡图》，描绘的便是乾隆十六年（1751）乾隆帝首次南巡江浙的全貌。画卷由宫廷画师徐扬奉命以"御制诗意为图"，总共画了十二卷。这组图案细致地描绘了乾隆初下江南时"察吏安民""视察河工""检阅师旅""祭祀禹陵""游览湖山名胜"的情景，同时也展现了锦绣江山与士农工商、官民人等的风情世态。

乾隆帝应该为他的王朝"国泰民安"感到欣慰。这样的欣慰，更多的是来自下级臣僚的奏报。在国家博物馆的展厅内，就摆放着一件《棉花全图》的画册。据说，这是由乾隆年间的直隶总督方观承为了向皇帝汇报棉事而制作的，总共有两函。方观承是乾隆时期著名的"五督臣"之一。他在直隶总督（封疆大吏中地位最高的差事。当时的京师顺天府，就在直隶省的管辖范围内）的位子上待了二十年。方观承为官清廉，体恤百姓，治理水患，开垦海塘，所以乾隆帝对他宠信有加。哪怕他犯过一些错误，皇帝也很少惩罚。

除了《棉花全图》，国博还展出了一件《捕蝗图》。这件文物创作于乾隆二十四年（1759）。图册共二十二张册页，绘有搜捕蝗虫之法。据题记可知，此套图册是由江苏淮阴（也就是韩信的老家）知府李源请人绘制而成的。《捕蝗图》是否进献给了皇帝，目前无从知晓，但它以图文并茂的形式绘制下来的捕捉蝗虫技巧，却对治蝗灭蝗知识的普及有着十分重要的意义。

就在《捕蝗图》创作的前一年，西北大患准噶尔部的叛乱总算被平定下来。这场叛乱从康熙二十七年（1688）一直持续到乾隆二十三年（1758），断断续续地折腾了七十年。于国家博物馆的陈列品中，便有几件关于"平准噶尔"的文物。比如，宫廷画师钱维城所绘的《平定准噶尔图》，就是珍贵的历史见证。乾隆二十年（1755），受乾隆帝之命，钱维城不仅在《平定准噶尔图》中记录了清军平叛的情景，还将沿途各族人民慰劳平叛大军和准噶尔部

第二十四章 画中的"康乾盛世"

数千人投降等场景一并描绘出来。

或许，在乾隆帝观赏《平定准噶尔图》之时，也在调阅祖父康熙帝留下来的另一幅作品，那便是绘制于康熙三十六年（1697）的《北征督运图册》。图册所描绘的是康熙三十四年冬至三十六年秋（1695—1697），清军在平定噶尔丹叛乱过程中，西路军粮督运官范承烈向前线两次运输军粮的情景。图册对军粮运输的道路里程，运粮的官兵、民夫、马驮、车以及粮台、驿站、武器、旌旗等均有生动描绘，属纪实性绘画作品。由此可见，一幅貌似普通的画作，还可能有军事地图的妙用。

就在准噶尔叛乱被平定的前夕，一个曾被准噶尔部赶出西域，后又从迁徙地历尽艰辛返回祖国的蒙古族部落，进入了乾隆帝的视野。这个部落，便是历史课本中提到的土尔扈特部。在国家博物馆的展厅内，陈列着一件黑绒嵌银花撒袋（弓箭袋），这便是土尔扈特部首领进呈给乾隆皇帝的礼物，于乾隆二十一年（1756）进入宫廷。